KB164977

**엄마가 알려주는
초등 영어 레벨업**

엄마표 영어의 숨은 고수 김은경 샘의 특급 솔루션

엄마가 알려주는 초등 영어 레벨업

김은경 지음

도서출판 린

언어에 늦은 시기란 없습니다

　저는 중학교 1학년 입학하면서 알파벳을 배웠습니다. 지금 초등학교에 다니는 친구들은 3학년 때 알파벳을 배우기 시작합니다. 영어 교육 시작 시기는 3년이 빨라졌지만, 영어를 공부로 하는 친구들은 여전히 어려워합니다. 빨라진 시간만큼 사교육 시작 시기가 빨라졌습니다. 학교 수업으로는 고등학교를 졸업하고도 영어로 말하기가 힘이 듭니다.

　제 아이들과 진행한 엄마표 영어의 효과가 보이면서 저는 새로운 도전을 하게 됩니다. 영어를 언어가 아닌 학습으로 시작하게 되는 친구들의 성장을 도와주는 위치에 서게 되었습니다. 과연 이게 될까? 처음에는 저도 회의적이었습니다. 듣기 바탕이 없는 초등학생들의 영어를 어떻게 성장시킬까라는 것이 가장 큰 고민이었습니다.

언어는 일찍 시작할수록 접근이 쉬운 것이 사실입니다. 별생각 없이 시작해야 받아들이기가 쉽습니다. 그렇다면 7살 이후의 영어는 편하기가 힘이 든다는 결론에 다다르게 됩니다. 공부로 해야 한다는 것이죠. '공부'라는 틀을 만들어 갇혀버리면 아이는 영어 때문에 힘들어집니다.

답은 의외로 간단합니다. 영어를 시작하기 전에 한글을 채우는 시간이 필요했던 것입니다. 영어는 외국어입니다. 국제결혼을 통해 부모님 중 한 분이 외국인이 아닌 이상 우리나라에서 살고 있는 친구들에게 영어는 무조건 외국어입니다.

모국어를 잘 못하는 친구는 절대 외국어를 잘할 수 없습니다. 엄마표 영어를 진행하면서 모국어에 굉장히 신경을 쓴 이유는 그것이었습니다. 영어는 두 번째 언어가 되어야 합니다.

그렇게 생각하면 늦은 시기란 없습니다. 1학년 친구를 단어 암기를 시키면서 고생시킬 필요가 없습니다. 하나의 언어를 내 것으로 만들기 위해서는 긴 시간이 필요합니다. 이것은 지루하고 힘든 시간이 아닙니다. 지극히 당연히 투자해야 하는 시간입니다. 걸음마 하는 아기가 뛰기를 바라면서 다그치는 부모님은 어디에도 없습니다.

시간이 없다고 하지만 뒤집어 생각해 보면 초등학교 시절 6년만큼 여유로운 시기는 인생에 있어 다시 오지 않습니다. 그렇다면 이 시기에 어떻게 영어를 진행하면 좋을까요? 1, 2학년 때 하루 단어 20개씩 외우는 것이 맞을까요? 듣기 할 시간 없으니 듣기 평가 교재만 완벽하게 하는 것이 좋을까요?

아이 둘을 키우면서 깨달은 것은 아이들의 시간은 엄마의 마음가짐에 따라 길이가 달라진다는 것이었습니다. 엄마가 조급해하거나 포기를 해 버리면 아이의 시간은 없어지게 됩니다. 반대로 긴 호흡으로 계획을 진행한다면 없었던 시간이 생겨납니다.

초등 입학을 기점으로 영어를 시작하는 부모님들은 조급함을 숨기지 못합니다. 영유 나온 친구, 엄마표 한 옆집 아이보다 우리 아이의 영어가 너무 뒤처졌다고 생각합니다. 비교에서부터 불행은 시작합니다. 왜 아이의 기준을 밖에서 찾으시나요? 모든 것의 기준은 우리 아이여야 합니다.

한글로 된 책을 읽지 못한 친구라면 한글로 된 책부터 익숙해지는 것이 영어의 시작입니다. 제가 강연을 할 때 어머님들께 모든 과목이 편안해야 영어 성장이 가능하다고 말합니다. 우리 말로 배운 모든 지식이 영어를 학습할 때 필요합니다. 단순히 단어 외우고 문제지 풀면서 올린 실력으로 는 중급 이상의 영어가 불가능합니다.

"학교 입학을 앞둔 7살 아이부터,
초등학교 고학년에 영어를 시작한 아이들까지"

영어가 늦었다고 생각하는 모든 학부모님께 하고 싶은 이야기가 가 득한 책입니다. 학년별 구성은 편의를 위해 해 놓은 것입니다. 아이의 속도에 맞춰 필요한 부분을 챙겨주시면 됩니다. 영어 공부가 힘들고 지 친 친구들이라면 지금 진행하는 단계보다 낮춰서 적용해 주는 것도 추천합니다.

수많은 아이의 발전을 지켜보면서 언어에는 늦은 시기가 없다는 확신을 가지게 되었습니다. 『엄마가 알려주는 초등 영어 레벨업』과 함께 우리 아이의 영어 발전을 이끌어 주세요.

김은경 씀

목차

1장

시작하는 시기는
중요하지 않습니다

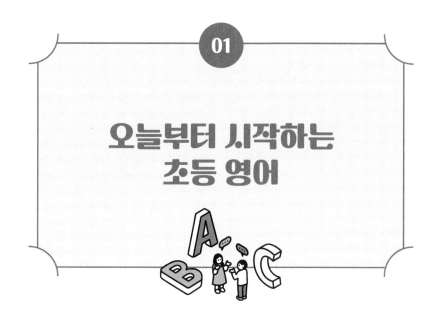

한국식 영어? 미국식 영어? 언어는 결국 하나입니다

○ ○ ○

엄마표 영어를 10년간 진행하면서 절반의 시간인 5년 이상을 영어 상담과 교육을 진행했습니다. 과거 20대 시절 10여 년은 학원에서 타 과목 수업으로 학생들과 학부모들을 만났습니다. 긴 세월이 지났지만 바뀌지 않는 이야기가 있습니다. '한국식 영어'는 언제 해야 하며, '미국식 영어'의 필요성은 언제까지냐는 등의 의미 없는 논쟁을 합니다.

엄마표나 학원을 통해 접근한 영어도 결국 고학년에서 필요한 학습의 영역이 존재하고, 한국식 내신 영어를 진행한 친구들도 학교 수업 이후 발전하려면 또 다른 노력이 필요합니다. 한 가지 언어를 배우는 데 들이는 공에 비해 너무 쉽게 언어를 가지려고 생각합니다. 반대로 말하면 성실함과 꾸준함만 갖춘다면 영어는 우리 아이의 언어가 될 수 있는 것입니다.

언어는 어느 나라 식이 아니라 합쳐진 하나입니다. 의사소통하고, 수준 높은 문학을 이해하고, 나에게 새로운 세상을 열어줄 도구이지요. 알파벳을 모르는 친구들부터 우리 아들처럼 엄마표로 공부를 한 아이들, 학원의 커리큘럼을 열심히 쫓아가는 아이들까지 수많은 친구의 이야기를 듣고 부모님들을 코칭했습니다. 이쪽 영어가 좋고 저쪽 영어가 나쁜 것이 아니라 언어라는 하나의 무기를 만들어 가는 방법의 다양성을 인정해야 하는 것입니다.

성실하게 꾸준히 진행한다면 누구나 정복할 수 있습니다. 언어이기 때문에 영유아 때 시작한다면 더 효과가 좋습니다. 그렇다면 초등학생은 어떨까요? 이미 인생을 10년 살았으니 늦었다고 할 수 있나요? 아직 초등학생입니다. 이제 모국어가 뇌에 완전히 자리를 잡아 사고가 가능한 시기입니다. 영어는 언어입니다. 모국어가 외국어의 학습을 방해한다는 생각은 잘못된 생각입니다. 제 전작인 『사교육을 이기는 엄마표 영어』에서 국어의 중요성을 강조했습니다. 초등학생의 영어는 모국어가 갖추어졌기 때문에 쌓아 올릴 수 있는 것입니다.

한 가지 언어를 제대로 배워본 사람이 다른 언어도 습득할 수 있습니다. 이제 영어를 시작하는 것이 늦다고 생각하지 마시고 예열을 충분히 했다고 생각하세요.

초등학교 입학 시기가 되면 엄마들의 걱정은 거대하게 부풀니다. 이 지점의 고민은 '학원을 보내야 하는가'에 대한 것이 가장 큽니다. 바쁘고 잘 알지 못한다는 이유로 학원을 우선순위에 두는 것이 현실입니다. 혹은

3학년 때부터 영어를 배우기 때문에 아무것도 준비하지 않겠다고 생각하기도 합니다. 둘 다 바른 방법이 아닙니다. 시간이 여유로우니 듣기를 시작할 수 있고, 영어의 발전 과정을 알면 벌써 학원으로 아이를 보내 1학년부터 단어 암기를 하며 진을 빼지 않아도 됩니다.

우리가 한국어를 잘하는 이유는 매일 사용하기 때문입니다. 매일 대화하고, 읽는 과정 안에 모국어가 점점 더 빛을 보게 됩니다. 영어도 결국 언어입니다. 차근차근 꾸준히 진행한다면 못 할 것이 없습니다.

듣기 시간을 채워주세요
○ ○ ○

학원을 보내려는 어머님들께 강조하는 조언이 있습니다. '듣기'를 놓지 말라는 것입니다. 학원은 듣기를 심각하게 다루지 않습니다. 여기서 듣기는 단순한 듣기 평가 교재를 말하는 것이 아닙니다. 듣기 영역은 정말 많은 시간이 필요하고 발전한 표시가 잘 나타나지 않습니다. 어떤 방법으로 영어를 학습하더라도 듣기의 중요성을 잊으면 안 됩니다.

초등학생이 영어를 시작할 때 파닉스부터 시작하지요. 파닉스와 듣기를 같이 진행하면 됩니다. 빨리 읽고 빨리 독해하는 것은 의미가 없습니다. 모국어를 배울 때를 생각해 보세요. 듣지 않고 언어를 가질 수는 없습니다. 파닉스 자체가 소리를 듣고 조합하는 문자 학습 방법입니다. 듣기 없이 언어는 세울 수가 없습니다.

우리 아이의 영어 학습 방향이 어느 곳을 향하든 간에 듣기는 채워야 하는 영역입니다. 듣기 평가 문제는 어렵지 않습니다. 수학능력시험의 영어 듣기도 연습한 친구들은 다 맞을 수 있습니다. 시험용 듣기로 만족하지 마세요. 학습을 위한 듣기는 학습이 끝나면 신기루처럼 사라지게 됩니다. 편안하게 시험을 보게 되는 것은 기본이고, 미래의 어느 시점에도 활용할 수 있게 듣기를 채워주세요.

그렇다면 듣기는 언제 하는 것이 가장 좋을까요? 시간적 여유가 있을 때가 당연히 좋습니다. 실질적으로 우리나라 학생들이 중고등 때 영어 듣기 실력을 쌓기란 쉽지 않습니다. 상대적으로 여유로운 초등 시절 듣기에 시간을 쏟아주세요. 어렸을 때 못했으니 초등 때는 시간이 없다? 절대 아닙니다. 초등학생은 인생 전체를 두고 볼 때 가장 여유로운 때가 맞습니다.

영어 읽기, 교재로만 채우지 마세요
○ ○ ○

아이들은 취향이 다르고 방향이 다릅니다. 첫째 성빈이는 문학책을 그렇게 싫어했지만, 이제는 뉴베리상 수상작이나 그 이상의 노블들도 즐겨 봅니다. 비문학도 가리지 않습니다. 둘째 한빈이는 원서도 그래픽 노블을 좋아하고 한글책도 학습만화를 주로 봅니다. 아이들이 100명이 있다면 100가지 취향이 나오게 됩니다.

영어를 초등학교 때 시작했으니, 영어책은 무리라고 생각하는 분들이 있습니다. 동화책도 당연히 어렵고 챕터, 노블은 한글로도 안 읽을 것이라고 단정을 짓습니다. 제가 둘째 한빈이가 학습만화만 좋아한다고 그것만 읽히겠다고 하면 뭐라고 하실 건가요?

요즘 영어 교재가 굉장히 좋습니다. 당연히 영어 공부할 때 학습 교재는 필수입니다. 중요한 것은 한 가지 방법에 매몰되지 말라는 것입니다. 책을 읽지 않고 문제집만으로 지식 습득이 되지 않는다는 것은 모두 인정하는 사실입니다. 영어도 그렇습니다. 아이의 수준과 흥미에 따라 책을 같이 읽게 도와주세요.

긴 호흡의 글을 읽는 것은 아주 중요한 활동입니다. 아이들은 책을 읽으면서 자기도 모르게 뒷이야기를 생각합니다. 책을 읽는 순간 뇌는 활발히 활동하고 새로운 시냅스를 잇기 위해 발버둥을 칩니다. 그 과정을 통해 이야기 흐름을 이해하고 추론 능력이 발달하게 됩니다. 또한 집중하고 있는 시간 동안 몰입하게 되는 쾌감도 얻게 됩니다.

불행하게도 인간은 책을 읽는 것이 본능이 아닙니다. 생존과는 상관없는 행위입니다. 즉, 누구도 책을 읽을 뇌를 가지고 태어나진 않았다는 것입니다. 그렇다면 반대로 연습을 통해 얻을 수 있는 능력이라면 한번 해 볼 만하지 않을까요?

아이들은 지금 초등학생일 뿐입니다. 미래를 속단하지 마세요. 지금 우리 아이들은 싹이 텄을 뿐입니다. 어떤 열매 몇 개가 열릴지 아무도 모릅니다. 줄기가 튼튼해지고 더 많은 잎을 만들고 수많은 시간이 지나야 겨우 꽃을 피우게 됩니다. 꽃이 피고 나서 열린 첫 열매는 맛이 없다는 것 알고 계시나요? 열매도 몇 년의 시간이 지나야 먹을 만해집니다. 하물며 사람의 교육입니다. 단순히 초중고를 거쳐 대학에 가기 위한 공부가 아니라 평생을 활용할 수 있는 바탕을 만든다고 생각해 주셔야 합니다.

한글책보다 쉽게 가도 좋습니다. 유치한 만화 기반의 책이어도 환영입니다. 초등학교 시절 다른 나라 언어로 쓰인 책을 읽어보려고 노력했다는 것이 아이들에게 힘이 되어줄 수 있습니다. 이 책의 곳곳에 숨어있는 원서와 학습서의 차이들을 이해하고 활용한다면 훨씬 더 좋은 결과를 얻을 수 있을 것입니다.

모국어 습득 후에 시작하는 영어

○ ○ ○

초등학교 입학 시기에 엄마들은 고민에 빠집니다. 영어는 교과과정으로 3학년에 시작하는데 주변의 아이들은 모두 영어를 하고 있습니다. 유치원이나 어린이집에서 영어를 접하긴 했는데 아이는 관심이 없어 보입니다. 시작도 하지 않았는데 이미 늦어버린 느낌으로 불안해합니다. 저는 반대로 영어를 빨리 시작했습니다. 사정은 다르지만, 상황은 같습니다. 제가 빨리 시작했다고 제 아이의 영어가 완벽하다고 자부할 수 있을까요? 완벽한 언어는 불가능합니다. 틀리는 것을 불편해하는 아이들에게 이런 말을 해 줍니다.

"어른이 되어도 똑같아. 모르는 단어는 언제든지 나타나고 그때마다 찾아보면 돼. 영어뿐 아니라 한글도 어려운 단어가 계속 보인단다."

언어가 완벽할 수 있다는 것은 착각입니다. 어느 정도 수월한 의사소통과 원하는 지식 탐구 정도의 수준이면 좋습니다. 이 두 가지를 채우는 것은 시간과 성실함입니다. 필요한 시간을 채우는 노력을 한다면 어느 경로든 같은 길을 가게 되는 것입니다.

아이가 한글을 다 알아버렸기 때문에 영어에 흥미를 잃었다고 착각합니다. 아직 아이는 한글도 채워지지 않은 시기입니다. 다른 언어에 흥미를 잃을 만큼 모국어를 잘하지 않는다는 이야기입니다.

요즘의 아이들은 뭐든지 잘하고 싶어 합니다. 인정 욕구도 강합니다. 그러니 어색하고 불편한 것을 재미없는 것으로 치부하는 것입니다. 언어를 채워주고 싶다면 그것이 모국어든 외국어든 상관이 없습니다. 어른의 생각부터 바꿔야 합니다.

첫째 성빈이가 다섯 살 때의 일입니다. 아이가 어느 날부터 영어를 찾지 않았고 그래서 저도 영어를 들려주거나 책을 보게 하지 않았어요. 그리고 3개월이 지났습니다. '다시 영어를 찾지 않으면 어쩌나'라는 걱정을 했습니다. 이 걱정은 어떻게 결론이 났을까요?

3개월 동안 영어를 진행하지 않았는데 오히려 영어가 늘었습니다. 그 3개월 동안 저와 한글책을 더 보았고 대화를 더 나누었으니까요. 다섯 살 때 영어와 한글의 수준이 비슷했던 아이였는데 결국 모국어의 수준이 높아지면서 영어가 뒤따라오게 되었습니다. 초보 엄마에게 이 3개월의 경험은 큰 조언으로 다가왔습니다. 멋모르고 엄마표 영어를 시작하고 아이에게 동시에 두 개의 언어를 쥐여주려고 했던 욕심을 놓게 되는 계기가 되었습니다.

한 가지 언어를 배운 후에 다른 언어를 배우는 것은 당연히 맞는 이야기입니다. 그러니 걱정하거나 의심하지 마시고 아이의 모국어 실력을 더 끌어올려 주세요. 외국어는 뒤쫓아 가는 것이 맞습니다.

국어를 채우고 달리면 속도가 빨라집니다

○ ○ ○

아이가 영어를 잘했으면 하는 바람은 모두에게나 있습니다. 그렇다면 그 목적을 되물어 보겠습니다. 왜 영어를 잘하길 바라시나요? 저는 세상을 사는 데 도움이 될 무기 하나를 쥐여주고 싶었습니다. 시야를 더 넓힐 수 있는 최적의 방법이라고 생각했습니다. 해외를 직접 다니면서 견문을 넓혀주는 것이 더 좋을지 모르나 가정 상황이 그렇지 못했습니다. 간접 경험을 통해 아이들에게 줄 수 있는 최선의 것은 책과 언어였습니다.

회화를 익혀서 의사소통하는 것도 중요하지만 정보를 얻을 수 있는 통로로 영어 실력이 늘기를 바랐습니다. 세상에 나와 있는 문서들 중 영어로 된 문서를 다 볼만한 실력이 된다면 아이의 시야가 넓어질 수 있으니까요. 더불어 번역된 이야기가 아닌 원작자의 원래 이야기를 느낄 수 있다는 것은 얼마나 대단한 일인가요.

제가 어머님들께 비문학 책을 읽히라고 그렇게 말을 하는 이유도 여기에 있습니다. 한국식으로 시험을 보든 미국식으로 공부하든 결국은 비문학 지문을 읽어서 정보를 내 것으로 만드는 것이 목표입니다. 영어나 한국어나 둘 다 언어입니다. 언어의 꽃인 쓰기에 도달하기까지 엄청난 인풋이 필요합니다.

"아이가 쓸 내용이 없대요."

듣고, 말하거나 읽고 결국은 쓰면서 내 생각을 표현하는 것이 언어를 배우는 목적이라고 생각합니다. 왜 할 말이 없고 쓸 말이 없는 것일까요? 절대적인 인풋의 양이 부족하기 때문입니다. 영어로만이 아니라 국어로 말입니다. 아직 모국어로 모르는 내용을 영어로 먼저 배운다고 했을 때 이해하는 친구들이 얼마나 될까요?

모국어를 채우지 않으면서 영어가 차기를 원하는 것은 과욕입니다. 영어를 생각하는 만큼 한글책을 읽히세요. 아이들의 취향이 문학, 비문학으로 나뉜다면 좋아하는 책 10권을 읽을 때 안 좋아하는 분야 1권 정도는 읽히셔야 합니다.

국어를 채우고 달리면 속도가 빨라집니다. 엔진의 힘이 세집니다. 인풋이 많으니, 아웃풋을 기대할 수 있습니다. 내가 아는 모국어 지식이 많아짐에 따라 영어 지문에서 얻을 수 있는 내용들이 많아집니다.

이전 책에서도 모국어의 중요성을 집중적으로 다루었습니다. 어릴 적 시작했던 영어, 영유에서 배웠던 영어, 학원에서 배웠던 영어가 실패하는 경우를 많이 봐왔습니다. 저는 그분들에게 국어 신경 썼느냐고 묻고 싶습니다. 어릴 때 시작하거나 문법을 일찍 배우는 것이 아니라 책을 충분히 읽혔느냐고 묻습니다.

세상의 모든 지식을 문제집으로 얻을 수 없습니다. 완전한 한 권의 책이 지식으로 가는 길잡이를 해 줄 수 있습니다. 힘들어도 독서에 재미를 붙여주는 것이 결국 영어를 잘하게 되는 길입니다.

학원 보낼까요? 말까요?

사교육은 잘 이용해야 하는 도구입니다

○ ○ ○

사교육을 맹신하는 엄마들은 돈을 냈으니, 성과가 당연히 날 것으로 생각합니다. 우리 아이들은 기계가 아닙니다. 입력값에 따라 출력값이 나오는 컴퓨터가 아닙니다. 반대로 학원에 대한 공포를 느끼고 있는 엄마들 또한 많습니다. 왜 이렇게 양극화되어 버린 것일까요? 우리가 매일 듣는 '공교육이 무너졌다'는 그 말, 그 공포가 학원의 필요성을 너무 크게 만들었습니다. 학원의 의미가 너무 커져 버렸기 때문에 모든 것을 다 이뤄줄 것 같은 신 같은 존재가 되었다가 사기꾼의 속임수 같은 존재도 되는 것입니다.

학교를 믿지 못해서 학원을 보낸다는 것은 잘못된 생각입니다. 학교생활에 충실한 것이 가장 첫 번째입니다. 기본을 닦지 않고서는 어떤 것도 올릴 수 없습니다. 제가 아이들이 어렸을 때부터 가장 중요하게 생각했던 것은 '듣기'입니다. 사람의 말을 들을 줄 알게 만드는 것이 제1 목표였습니다. 학교생활을 위해 '듣기' 능력은 반드시 필요합니다. 학생이 스무 명이 넘는 교실에서 가장 전문가인 선생님의 말씀에 귀 기울일 줄 아는 아이는 다른 어떤 곳에서도 중심을 잡을 수 있습니다.

학교는 만능일 수 없습니다. 아시다시피 '공교육'이란 학생들의 대부분을 평균의 수준으로 만들어 놓는 것이 목표입니다. 작은 사회가 되어 사람됨을 배우게 하는 곳입니다. 모든 아이가 공부를 잘하고 리더가 되는 곳이 학교가 아닙니다.

가끔 아이가 선행을 하거나 책을 많이 읽어서 아는 지식이 많을 때 학교를 재미없어할까 봐 걱정하는 어머님들이 있습니다. 학교 수업은 재미를 위한 곳이 아닙니다. 훈련을 위한 곳이지요. 그런 분들에게는 '듣기'의 중요성을 아이에게 알려주셨냐고 되묻고 싶습니다. 내가 목소리를 내고 싶은 만큼 다른 사람의 말도 들어주어야 하는 곳이 학교입니다.

그렇다면 학원의 필요성이 분명해집니다. 학원은 내 아이들이 끌려가야 하는 곳이 아니라 이용해야 하는 곳이 됩니다. 나의 실력을 더 올리기 위해 집에서 공부하는 친구들도 있지만 학원의 도움을 받기도 합니다.

어머님들이 학원에 대해 문의할 때, 제 대답은 늘 달랐습니다. 그 친구가 자기 주도가 되는 친구인지 아닌지를 따지고 어머님의 성향을 따집니다. 아이의 공부를 봐주면서도 엄마의 위치를 놓지 않을 수 있는 분들에게 엄마표를 권합니다. 그리고 학원을 추천해 줄 때도 학생과 어머님의 성향에 따라 다양하게 추천해 드립니다.

돈을 냈다고 100%를 내놓을 수 없는 것이 사실입니다. 로봇을 키우는 것이 아니니까요. 그러므로 아이의 성향에 맞춰 필요한 시기에 활용해야 하는 것이 사교육입니다.

우리나라의 교육 여건상 예체능을 집에서 하기란 쉽지 않습니다. 음악을 들려주고 같이 그림을 그릴 수는 있지만 피아노를 가르쳐줄 수는 없었어요. 어릴 때 배운 적이 없으니까요. 저는 그림도 잘 못 그렸습니다. 그래서 둘째의 그림 욕구를 채워줄 수가 없었습니다. 피아노, 미술, 태권도 우리나라 예체능 3 대장입니다. 저도 제 능력 밖의 일은 사교육의 도움을 받았습니다. 예체능은 '필요'에 의해 선택을 잘합니다. 그런데 왜 공부에 대해선 그러지 못하는 것일까요?

학원에 몰려다니지 마시고 아이들을 위한 사교육을 골라서 해 주세요. 큰 교육의 계획안에 사교육이 있는 것이지 사교육 쫓으려고 애를 낳은 것이 절대 아닙니다. 잊지 마세요.

집에서는 늘 배경이 되어주어야 합니다

○ ○ ○

성빈이가 유치원 다닐 때였습니다. 어떤 엄마가 영어 유치원에 보내면서 책을 한 권도 읽히지 않는다는 이야기를 듣고 참 용감하다는 생각을 한 적이 있습니다. 학원에 가면 집에서는 숙제만 하면 되는 것일까요? 하루 종일 영어 쓰고 왔으니, 집에서는 쉬어야 한다고 생각하시나요? 흔히 말합니다. 학원에서도 결국 배우기만 한다고요. 내 것으로 만드는 '습'의 시간이 없으면 그것은 내 것이 될 수 없습니다. 영유 나오고 몇 년 지나면 다 똑같다는 말이 이래서 나오게 된 것입니다.

집에서의 역할에 소홀하면 안 됩니다. 혹자는 너무 바빠서 어쩔 수 없다고 합니다. 바쁜 것을 어떻게 할 수 없지요. 그렇다고 아이에게 책 한 권 읽어줄 시간이 없다는 것은 사실 핑계 아닌가요?

아이가 어렸을 때를 생각해 보세요. 새로운 것에 호기심을 가지면 탐구할 수 있게 도와주지 않으셨나요? 그것을 초등학교 때도 이어서 해주어야 하는 것입니다. 아이에게 매몰되라는 것이 아니라 제대로 된 독립적인 개체가 될 수 있게 버팀목이 되어 주라는 것입니다.

영유아기에는 신체적인 발달을 위해 노력해 준 것처럼 정신적인 발달을 위해서도 노력을 해주어야 합니다. 아이 스스로 독립적인 개체가 될 수 없어요. 인간은 동물이 아니니까요. 초등학교 시절까지는 엄마의 개입이 가능한 시기입니다. 중학교 가서도 기준선은 만들어줄 수 있지만 사춘기가 시작되면서 아이들은 독립적인 개체로 존재하려고 합니다. 그 시기가 온 후에는 준비해도 아이와는 통하지 않습니다.

소통을 위한 '배경'이 되어주세요. 아이가 어떤 것을 좋아하고 어떤 것을 잘하는지, 취향은 어떤지를 알아두어야 나중에 엄마를 찾습니다. 내가 주고 싶은 정보와 지식을 원하지 않을 수도 있습니다. 아이들은 소통할 상대를 찾습니다. 절대로 권위적인 손윗사람을 찾지 않습니다. 배경이라는 것은 뒤치다꺼리를 해주는 심부름꾼을 말하는 것이 아닙니다. 태어나서 10여 년 한 인간을 위해 정성을 들이는 것을 말합니다. 그때의 사랑으로 세상에 나아갈 힘과 능력을 채울 수 있게 말이지요.

공부 독립, 몇 살 때 시작했나요?

○ ○ ○

중학생이 자기 주도가 안 된다고 답답해하는 부모님들이 있습니다. 자기 주도는 절대 하루아침에 이루어지지 않습니다. 시험을 본 적이 없는 아이들이 시험 계획을 세울 수 없습니다. 그래서 중학교 과정은 고등학교에 가기 위한 준비기간이라고도 합니다.

초등학교 때 독립적인 모습을 조금씩 갖춰가는 것이 방법입니다. 하루의 일과를 꼬박꼬박 짜게 만들고 성향이 맞지 않는 아이들에게 강요하라는 말이 아닙니다. 성실함은 공부를 열심히 해서 생기는 것이 아니고 꾸준히 해서 생기는 것입니다. 아이에게 할 일을 부여하고 조금씩 늘려주세요. 책도 긴 책은 나눠서 꾸준히 읽게 해주시고요. 당연히 힘든 날도 있고 빠지는 날도 있습니다. 꾸준히 할 수 있는 힘을 키워주는 것이 필요합니다.

지금 아이에게 답답한 것이 정말 아이의 행동이 답답한 것인지 내 욕심인지 다시 한번 생각해야 합니다. 결국 고등학생이 되어 공부 독립을 하게 만드는 것이 목표입니다. 공부를 스스로 해서 이름 있는 대학에 합격하라는 것이 아니라, 사회에 나갈 마무리 준비를 3년 동안 해준다고 생각해 주세요. 그래야 법적인 나이인 성인이 되어서 진정한 독립을 할 수 있습니다.

영어는 언어입니다. 욕심부리지 마세요

○ ○ ○

상담 중에 늘 듣는 말이 있습니다. 너무 '늦지' 않았느냐는 질문입니다. 늦고 빠름을 결정하는 것은 슬프게도 사교육의 속도입니다. 모두 달리는데 너무 늦게 출발선에 선 것이 아니냐고 묻는 것이지요. 그 속도는 과연 누가 정한 것일까요? 아이들은 아이들 나름의 속도와 방향을 가지고 앞으로 전진하는 중입니다. 제발 비교하지 마세요.

지금 당장 늦은 것 같아서 아이를 재촉하고, 학원에 보내고, 그런 것으로는 언어를 얻을 수가 없습니다. 사실 시험용 영어도 중학교까지는 가능할지 모르지만 고등학교에서는 불가능합니다. 시험 범위가 어마어마하기 때문입니다.

아이들은 아직 모국어도 완벽하지 않습니다. 태어난 날부터 매일 듣고, 책도 읽고, 학교에서도 배우지만 아이마다 편차가 큽니다. 누구는 자기 생각을 조리 있게 말하지만, 누구는 부끄러움에 말을 못 합니다. 이럴 때 모든 어머님이 스피치 학원이나 연극 학원을 보내지는 않아요. 단순히 생각하더라도 언어는 쉽게 내 것이 되지 않습니다.

욕심을 부리면 결국 역효과가 납니다. 아이의 습득 속도를 인정하고 그 속도에 발을 맞춰야 합니다. 차 안에서 밖에 달리는 차를 보면 굉장히 빠르게 느껴집니다. 하지만 그것은 그저 보이는 것일 뿐 같은 속도로 달리고 있는 경우가 많습니다.

성실함과 꾸준함만이 언어를 학습하는 방법입니다. 당연히 언어적인 능력이 뛰어난 친구들은 훨씬 빨리 표시가 나겠지요. 하지만 초등학교만 다니고 인생이 끝나는 것이 아니니까요. 결국 아이들이 영어를 실질적으로 활용하게 되는 시기에 맞춰 진행해도 괜찮다는 말입니다.

급하게 달리지 않아도 됩니다. 재촉하지 않아도 괜찮습니다. 그 대신 너무 느리지도 말아야 합니다. 공교육의 교육과정은 평균적인 수준을 요구한다고 말했습니다. 그렇다면 공교육의 커리큘럼보다야 늦으면 안 된다는 말입니다. 시기와 순서를 맞춰 진행해야만 그 지점에 도달하게 됩니다.

이 책은 '초등 영어 교육' 순서를 지키면서 집에서 추가로 진행할 수 있는 방법에 대해 썼습니다. 엄마표 영어를 진행하면서 깨달은 지혜로 상담하며 아이들을 발전시켰던 이야기들이 들어있습니다.

성실함은 결국 열매를 맺습니다

○ ○ ○

성빈, 한빈이가 영어가 편해진 것은 영어를 일찍 시작해서가 아닙니다. 돌아보면서 느끼는 점은 쉽게 포기하고 성실함과는 거리가 멀다고 생각했던 제가 교육에서만큼은 끈기 있게 진행했다는 것입니다. 매일 매일이 쌓여 결국 편안함을 이루지요. 그렇다고 두 아들의 실력이 하늘 끝까지 닿아있는 것도 아닙니다. 아이들의 속도에 맞춰야 지치지 않고 오래 갈 수 있다는 것입니다.

아이에게 끈기를 가지고 도전하게 하고 싶은 분야를 생각해 보세요. 아이들이 좋아하는 분야도 좋고, 어머님이 이끌어주고 싶은 분야도 좋습니다. 저는 [영어 자유]를 넣겠습니다.

[   ] 영어 자유

목표 앞에 붙게 되는 수식어의 느낌에 따라 목표에 도달할 수 있는 확률이 달라집니다. 단순히 아이의 능력이 좋고 나쁜 것은 의미가 없습니다. 내 자신의 능력도 다 모르고 사는 세상인데 아이의 능력을 단정한다는 것은 무의미한 일입니다.

[힘든, 어려운, 귀찮은] 영어 자유

[꾸준히, 재미있는, 즐거운] 영어 자유

어떤 방향으로 아이들을 이끌어주어야 할지 분명합니다. 즐겁고 재미있으려면 잘해야 합니다. 잘하기까지는 성실하면 됩니다. 매일 해도 안 된다면 방법이 잘못되어 있는 것입니다. 단순히 책을 많이 읽는다고 문해력이 좋아지지 않습니다. 아이와의 깊은 대화 한 번이 사고의 폭을 넓혀줄 수 있습니다. 새로운 생각 하나를 심어주기까지의 성실함, 그것은 아이에게 바라는 것이 아니라 엄마가 실천해야 하는 모습입니다.

성실함을 단순히 엄마의 희생으로 보지 마세요. 어린아이들은 엄마의 기쁨을 위해 움직입니다. 꾸준함을 이기려면 처음에는 달콤한 보상이 있어야 하는데 엄마의 인정과 사랑이 그 시작입니다. 그러니 아이를 챙겨주는 자기 모습을 보면서 무너지지 마세요. 최선의 노력을 다하는 삶을 살고 있는 것입니다.

꾸준한 노력은 열매를 맺습니다. 언제 어디에서 우리에게 찾아올지 모릅니다. 그 인내의 과정을 훈련한다고 생각하세요. 성취하고 나면 더 좋은 방향으로 움직일 수 있습니다. 걷기 연습을 하는 돌쟁이 아이에게 무슨 말이 필요할까요? 한 발 떼려고 하는 그 순간에 뭐라고 하실 건가요? 걸으면 그때부터 고생이니 걷지 말라고 하진 않으시겠지요. 인생의 모든 것은 그렇습니다. 걸을 수 있는 이유는 매일 엉덩방아를 찧으면서 연습했기 때문이라는 것을 기억하세요.

내 자식이기 전에 귀한 사람입니다

○ ○ ○

남편과 저의 유전자를 반씩 물려받았다고 해도 아이들은 새롭게 자랍니다. 엄마와 아빠가 이런 사람이니 자식들도 이렇게 크겠다고 생각하는 것은 큰 오산입니다. 당연하게도 인간은 환경의 영향을 받습니다. 유전자가 아무리 강력하다고 해도 환경이 절대적으로 다르므로 다른 사람이 됩니다.

그러니 탓하지 마세요. 이것은 저 스스로 하는 말이기도 합니다. 아이의 능력이 닿지 않는 어떤 순간에 어른의 관점에서 탓을 할 때가 많았습니다. 우리도 경험했기 때문에 알게 된 지식입니다. 아이들이 장애물을 처음부터 뛰어넘을 수는 없습니다.

내가 쉽게 알게 되었던 지식이라도 아이들에겐 어려울 수 있습니다. 나의 기준으로 아이를 재단하지 마세요. 아이의 속에 어떤 씨앗이 자라고 있는지 아무도 모릅니다. 우리는 그 싹이 잘 돋아날 수 있도록 도와주는 도우미일 뿐입니다.

이런 생각을 하고 교육에 발을 들이서야 합니다. 그래야 감정싸움이 되지 않습니다. 그것을 잘 못하는 저는 아이와 여러 번의 고비를 넘겼습니다. 아이나 어른이나 모두 인생 1회차입니다. 누구도 완벽할 수 없어요. 어른은 조금 더 살았다는 이유로 아이들의 보호자가 될 뿐입니다. 내가 그 시절을 살아왔다 해도 그것은 나의 인생일 뿐 아이의 인생을 손에 쥐고 흔들면 안 됩니다.

2장

초등 영어 시작하기
(1~2학년)

저학년 한글 독서의 중요성

○ ○ ○

우리는 평생 글자를 보고 살아갑니다. 책을 읽지 않는 사람이라 하더라도 늘 글자를 만나게 됩니다. 사소하게는 아파트의 공문, 학교 알림장, 마트 전단으로 시작해서 직업을 위한 전공 서적과 부동산 매매계약서까지 글자 없이는 살 수가 없습니다. 글자를 읽는 것과 해석하는 것은 다른 영역으로 생각하고 발전시켜야 합니다.

태어나서 말을 배우고 문자를 인지하는 시기에 한글을 배우게 됩니다. 글자를 읽게 되고 아이의 시야는 넓어지게 됩니다. 이 과정이 단순히 읽기만 한다고 가능한 과정이 아닙니다.

아이들은 엄마가 읽어주는 동화책을 통해 '듣기'를 시작합니다. 아직 문자와는 관련이 없는 작업입니다. 듣기 과정은 모든 언어의 학습에 가장 기본이 되는 과정으로 문자를 알지 못하는 상태에서도 가능합니다. 듣기를 통해 이야기의 순서를 배우고 흐름을 파악합니다. 이야기의 앞과 뒤를 구분하며 생각하게 됩니다. 듣기는 엄마의 책 읽기가 아니어도 채울 방법이 많습니다. 어린이집, 유치원에서도 들을 수 있고 영상을 통해서도 듣습니다.

듣고 이해하는 영역과 달리 읽기 영역은 스스로 하지 않으면 의미가 없는 영역입니다. 자음과 모음을 배웠다고 한글을 이해하는 것이 아닙니다. 한글이나 영어는 표음문자입니다. 소리를 표시한 문자들은 자음과 모음의 조합으로 글자의 소리를 만들 뿐 뜻을 표현하지 않습니다. 뜻을 알려면 읽고 해석하는 능력을 키워야 합니다.

학교에 입학하게 되면 아이들에게는 '입학'이라는 단어부터가 낯설게 들립니다. 한자어이기 때문입니다. 학교에서 만나는 수많은 한자어를 이해해야 하고 모든 교과 과목에서 이제까지 만나지 못했던 어휘들을 만나 익혀야 합니다.

선행을 하고 문제지를 미리 풀고 입학하자는 것이 아닙니다. 문해력은 스스로 읽고 생각하고 탐구하면서 길러져야 하는 것입니다. 아이들이 본격적으로 한글의 문해력을 키워야 하는 시기가 초등학교 입학 시기입니다. 대부분의 나라는 학교를 입학하는 시기가 비슷합니다. 충분히 모국어를 들었기 때문에 문자 학습을 할 수 있는 시기가 되었다는 것입니다.

학습이라면 단순히 공부를 생각하는데 세상의 지식을 받아들인 데 있어서 독서만큼 효율적인 방법은 없다고 자부합니다. 문학과 비문학 할 것

없이 세상의 지식을 이야기로 풀어놓은 책을 읽는 것은 저학년 학생에게 꼭 필요한 활동입니다.

"책을 너무 싫어해요. 우리 애는 책을 쥐여주면 도망가요. 무슨 책을 좋아하는지 모르겠어요."

이 말은 모두 핑계입니다. 책을 읽히려고 얼마나 오래 노력해 보셨나요. 제 여동생은 조카가 8살이 되기까지 책 한 권 못 읽어준 워킹맘입니다. 회사가 너무 바빠서 불가능한 일이었습니다. 조카가 초등학교에 들어가고 독서 훈련 코치를 해주었는데 얇은 지식 책 한 권 읽히기까지 3개월 가까이 걸렸습니다. 지금 6학년인 조카는 학교 선생님께 다른 아이들과 달리 배경지식이 많고 생각을 잘 말하는 친구라는 칭찬을 받습니다.

책을 사랑하진 않아도 책과 절교하게 하면 안 됩니다. 공부를 위한 독서가 아니라 사회에 나가면서부터 필요한 독해 능력을 키워 준다고 생각해야 합니다. 더불어 외국어를 배우기 위해 모국어 수준을 올려놓지 않으면 결국 외국어 실력 또한 멈추게 됩니다.

그림 없는 책을 읽기까지
○ ○ ○

아이들이 책에 관심이 없다고 오해하는 엄마들이 있습니다. '책'이 문제가 아니라 '주제'가 문제인 것을 모르고 책을 좋아하지 않는다고 합니다. 재미있다고 소문난 책, 엄마가 읽혀주고 싶은 책을 주고는 싫어한다고 생각합니다. 어려도 자기 취향이 있습니다.

초등학교에서 중학년까지의 책들은 보통 그림이 들어가 있습니다. 그림의 크기가 영유아가 보는 책에서 올라올수록 면적을 작게 차지합니다. 고학년 시기의 책들은 완전히 글자만 존재하는 책들을 만나게 됩니다.

생전 듣지 못했던 외국어를 배운다고 생각해 보면 이해가 쉽습니다. 우리가 외국어를 배울 때 소설부터 읽을 수 없습니다. 기초를 배울 때의 책들은 모두 그림이 절반 이상입니다. 사람이라면 누구나 이해할 수 있는 보편적이고 평범한 그림들을 놓고 단어와 문장을 배웁니다. 그리고 중급 이상이 되어야 줄글로 된 책을 읽을 수 있습니다.

모국어라고 이 단계를 거치지 않을 수 없습니다. 그림이 없는 책을 읽기까지 굉장한 노력이 필요합니다. 아이들은 아직 우리보다 덜 사회화되어 있으므로 정말 문자를 사랑하는 아이들이 아니고서야 책과 친해지는 시간이 필요합니다.

아이가 좋아하는 관심사의 책을 권하는 것이 먼저입니다. 둘째 한빈이는 주황색을 좋아해서 동화책도 내용과 관계없이 주황색 책을 원했습니다. 표지의 디자인에 주황색이 들어가면 되었답니다. 이 아이에게 다른 책들은 그냥 종이 쪼가리일 뿐이었어요. 지금도 주황색을 좋아하지만 이젠 주황색 책만을 찾지는 않습니다. 처음 책에 대한 이미지를 좋게 심어주는 것이 중요하다는 것입니다.

싫어하는 주제는 군이 읽지 않아도 됩니다. 모든 주제를 골고루 다 볼 수는 없습니다. 모든 분야를 다 좋아하는 아이는 우리 집 아이가 아닙니다. 그 대신 좋아하는 주제로 책의 맛을 들인 후에는 보편적인 지식을 살피게 해주면 됩니다.

1~2학년 시기에는 나의 취향을 찾으려고 탐색하는 시기입니다. 탐색이라는 여행 중에는 보물을 찾지 못하는 경우도 많습니다. 탐색에 실패했던 경험조차도 아이의 취향 찾기에 도움이 됩니다. 어렸을 때 싫어했던 분야를 다시 찾기도 합니다. 내가 나의 취향을 찾아가는 노력을 해야 결국 그림 없는 책을 읽는 수준까지 올라갑니다.

학습만화는 조금 나중에 읽자
○ ○ ○

영상과 이미지에 어렸을 때부터 노출된 우리 아이들은 다양한 매체를 통해 지식을 얻을 수 있습니다. 단순히 영상 노출이 나쁘다고 할 수 없습니다. 지식을 받아들이는 경로가 많아진 것입니다. 경로가 많아졌다고 해도 책은 반드시 동반되어야 합니다.

성빈이가 1학년 때 일입니다. 어느 날 학교에서 굉장히 재미있는 책을 봤다며 이야기하는데 만화로 된『그리스 로마 신화』였습니다. 신화는 상상하면서 읽어야 하는 책입니다.

그런데 모든 내용을 그림으로 본다면, 아이가 이야기를 스스로 상상할 기회를 뺏는 것이나 마찬가지입니다. 조금 더 커서 봐야 제맛을 알 수 있는 책인데 먼저 읽은 것입니다. 그래서 저는 그나마 그림이 덜 들어가고 이야기들이 많이 정화된『올림포스 가디언』을 구매해서 읽혔습니다.

줄글 책을 잘 읽는 친구라면 학습만화도 괜찮습니다. 처음부터 학습만화의 접근은 위험합니다. 학습만화의 특징은 내용을 전개하는 과정에서는 만화로 대부분을 보여주고 배경지식은 따로 정리해서 보여주는데 그 내용이 쉽지 않습니다. 즉, 너무 이른 나이에 보게 되면 그림의 내용도 겉핥기로 보게 되고 내용 정리는 보지도 않게 됩니다. 무슨 말인지 모르는 지식을 얕게 읽게 되는 것입니다.

5학년, 3학년이 된 지금 학습만화도 읽힙니다. 새로운 지식을 부담 없이 받아들이기 좋은 책이 학습만화이기 때문입니다. 도서관 대출 목록에 늘 포함이 되고 다음엔 무엇을 빌려오라고 주문도 합니다. 하지만 절대로 학습만화만으로 지식을 채우지는 않습니다. 그것은 불가능한 일입니다. 책의 가장 좋은 역할은 머리로 생각하게 만드는 일인데 학습만화는 생각할 틈을 주지 않습니다. 최소한 저학년이 읽는 문고판 책 정도는 스스럼 없이 읽게 된 후에 학습만화를 추천합니다.

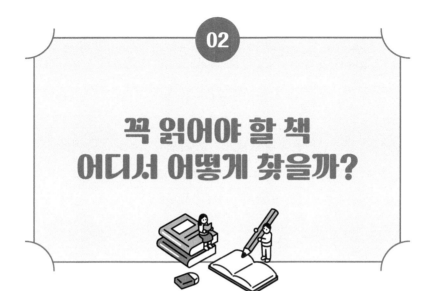

02

꼭 읽어야 할 책
어디서 어떻게 찾을까?

우리 아이 지식 책 어디서 구할까?

○ ○ ○

초등 저학년까지 읽게 되는 책들은 보통 스토리텔링 기법을 이용하여 지식을 전달해 줍니다. 이 방법에 대한 호불호가 많이 갈립니다. 억지스러운 이야기에 지식을 끼워 넣는다는 비판도 있고, 다가가기 힘든 개념을 쉽게 다가갈 수 있게 해준다는 칭찬도 있습니다. 저는 후자 쪽에 손을 드는 사람입니다. 억지스러운 이야기로 따지자면 전 세계적으로 구전되어 온 전래 동화도 뒤지지 않는다고 생각합니다. 저학년 학생들이 읽는 책들은 징검다리 역할입니다. 내용이 억지스럽게 펼쳐졌다고 해서 아예 이해되지 않는 것도 아닙니다. 비유하면서 이해를 돕는 장치의 역할입니다.

그렇지 않다면 과학이나 수학의 지식을 오로지 학교의 교과서와 문제집으로만 받아들여야 하는데 실상은 그것만으로는 부족합니다. 학교와 학원은 우리 아이 맞춤이 아니기 때문입니다. 책 육아는 결국 아이 맞춤 육아입니다.

둘째가 있지 않다면 혹은 둘째가 있어도 '전집' 구매는 늘 고민이 됩니다. 유명한 대형 출판사부터 내실 있는 중소기업 출판사들, 그리고 신생 출판사들까지 좋은 책은 늘 쏟아집니다.

❶ 도서관

당연히 가장 먼저 찾아가야 하는 곳입니다. 도서관의 책들은 좋다는 책들은 모두 모여 있다고 생각하시면 됩니다. 최소한 질이 낮은 책들은 취급하지 않습니다. 도서관의 어린이 열람실로 가서서 전집 종류를 싹 살펴세요. 절대 어려운 중급 도서를 선택하시면 안 됩니다. 유치해 보이고 쉬워 보이는 책으로 시작해야 합니다. 배경지식이니까요. 유추가 허락되는 이야기가 아닙니다. 이야기로 쉽게 풀었다고 해도 이 책들은 '지식' 책이라는 것을 잊으면 안 됩니다. 도서관 전집을 모두 읽힌다고 생각하시면 됩니다. 출판사마다 그림과 이야기 스타일이 다릅니다. 사진도 각각 다릅니다. 같은 주제로 여러 권의 책을 보는 것만큼 지식 습득에 쉬운 방법은 없습니다.

❷ 개똥이네 중고서점

전집류를 저렴하게 구매할 수 있는 장점이 있는 곳입니다. 온라인, 오프라인 모두 활용해 보세요. 온라인으로는 전국에 있는 책들이 올라오기 때문에 비교하고 구매하기 좋습니다. 저는 중고서점을 사랑하는 사람입니다. 도서관의 책 중 유난히 좋아하는 책과 여러 번 보면 좋을 것 같은 책들은 대부분 중고로 구매했습니다. 이 시기의 전집류들은 최대 활용 기간이 3년 안팎입니다. 평생 소장용이 아니기 때문에 중고서점을 추천합니다. 요즘은 새 책 전집 대여 시스템도 많이 있으니 활용하면 좋습니다.

❸ 공동구매

유명한 육아카페 혹은 인스타의 공구를 활용하세요. 새 책과 중고 책의 가격 차이가 별로 나지 않거나 반드시 새 책으로 구매하고 싶은 경우 공동구매를 활용하면 좋습니다. 예전에는 단독 공구로도 많이 판매했지만, 이제는 유명한 육아카페에 돌아가면서 공동구매를 진행합니다. 정보를 알아내는 방법은 간단합니다. 인터넷 검색창에 '00 공동구매' 이렇게 써서 검색해 보세요. 개인부터 육아카페까지 구매할 수 있는 루트를 금방 찾을 수 있습니다.

우리 아이 문학책 어떻게 시작할까?

○ ○ ○

문학책에 대해서는 할 말이 많습니다. 성빈이와 한빈이는 이야기책을 좋아하지 않았습니다. 동화책은 영어든 한글이든 읽어주기도 많이 읽어주고 스스로 읽기도 했지만, 초등학교 들어와서는 통 흥미를 붙이지 못했습니다. 특히나 유명한 출판사의 문고 시리즈들은 정말 관심이 없었습니다. 지금 생각해 보면 두 친구다 일상적인 이야기에 흥미가 없었습니다.

지금은 완역본 책들도 거뜬히 읽지만, 초등 저학년 때는 이러한 것이 큰일이다 싶었습니다.

이야기의 흐름을 좋아하는 친구들은 문학의 입문이 전혀 어렵지 않을 것입니다. 오히려 지식 책이 진입하기 힘들 수 있습니다. 지금 알려드리는 팁은 문고관에 관심 없었던 문학을 이해 못 하는 아들 두 녀석을 책에 가깝게 가게 했던 방법들입니다.

❶ 도서관 신착도서 활용

어린이 열람실의 신착도서를 빌려서 보여줬습니다. 신간 도서들은 딱 지금 아이들의 감성에 맞게 나왔습니다. 역사가 오래된 동화책도 당연히 좋은 책이 많지만, 이야기책을 좋아하지 않는 아이들에게 시작 도서로는 최근의 책들이 정말 좋습니다. 표지의 삽화와 이야기의 구성이 딱 요즘 아이들의 이야기입니다.

❷ 독특한 책 활용

『책 먹는 여우』, 『책으로 똥을 닦는 돼지』같이 제목만 봐도 웃긴 책들을 활용했습니다. 저학년 학생들의 책은 중간중간 삽화들도 재미있게 들어가기 마련입니다. 이런 책들은 유머가 살아있으므로 아무리 책을 좋아하지 않는 아이라도 혹할 수밖에 없습니다.

❸ 교과서 완독하기

우리나라 아이들의 발달 과정에 딱 맞는 책들이 바로 교과서에 나온 책들입니다. 보통 단편 동화들은 책 전체가 실려있기도 하지만 부분만 있는 경우도 많습니다. 참고도서로 활용되기도 합니다. 교과서의 작품들을 완독한다면 흥미도도 올라가고 수업에서의 참여도도 좋아집니다.

❹ 사서선생님의 추천 도서

도서관마다 매달 주제를 정하고 책들을 선정합니다. 그리고 사서 추천 도서 전시를 합니다. 책에 대해 애정이 있는 분들의 추천은 엄마의 개인 취향보다 훨씬 아이들의 마음에 다가가기 쉽습니다.

이렇게 마중물을 채우고 나면 확장하기 쉽습니다. 지식 책의 경우 단계별로 쌓아 올라갈 수 있습니다. 문학책은 재밌게 읽었던 작가의 다른 작품으로 확장해도 되고 주제를 같은 방향으로 넓혀도 됩니다. 책을 아이에게 붙여주기란 쉽지 않습니다. 하지만 못할 일도 아닙니다. 아이의 미래를 위해 채워주어야 할 것 중 가장 1순위가 책인 것은 분명합니다. 결국 죽을 때까지 우리의 뇌는 읽고 해독하는 것을 멈출 수 없기 때문입니다.

동화책 원서를
영어 학습에 활용하는 법

동화책은 언어의 기본입니다

○ ○ ○

저는 작가의 모국어로 된 동화책 읽기를 권합니다. 작가의 모국어는 아주 강력한 힘을 가집니다. 『강아지 똥』을 읽으면서 누구나 비슷한 감정을 느낍니다. 같은 모국어를 사용했던 사람들끼리의 정서는 통하게 되어있습니다.

언어는 나라의 정서를 포함하고 있습니다. 지금 당장 외국으로 가서 살지 않더라도 동화책 원서를 통해 정서를 느낄 수 있습니다. 언어에 대한 감정을 좋게 만들 방법 중에 가장 좋은 방법이 바로 동화책입니다. 당연히 잘 만들어진 교재들도 많습니다. 첫 시작을 동화책으로 추천하는 것입니다.

'동화책'이라고 정해 놓는 것이 유치함을 뜻하는 것은 아닙니다. 동화책의 AR 지수는 4점대가 넘는 것도 있습니다. 단순한 알파벳 책들도 단어들의 레벨에 따라 수준이 달라집니다. 읽을 수 있는 수준의 책들은 2점대 이상입니다.

여기서 말하는 2점대, 4점대의 점수는 미국 초등학교 2학년, 4학년 수준을 말합니다. 동화책을 고학년까지 본다는 이야기입니다. 한글책을 생각하더라도 동화책이 그저 쉽고 유치한 책이 아니라는 것은 누구나 알고 있습니다. 생각하게 하는 책들의 수준은 단지 글이 적고 그림이 많다고 해서 낮은 것이 아닙니다.

그 나라 말로 쓰인 편안하고 부드러운 이야기들이 바로 동화책입니다. 엄마표 영어를 진행했던 친구들부터 유치원 때 처음 영어 노래를 들었던 친구들, 그리고 이제 입학하면서 영어를 접하는 친구들 모두에게 가능한 가장 좋은 교재입니다.

1학년이 영어가 늦었다고 생각하는 것은 엄마의 오판입니다. 아이는 지금까지 모국어에 시간을 쏟은 것이지 영어를 등한시한 것이 아닙니다. 누구의 아이는 빠르고 레벨이 높고를 비교하지 마세요. 누구든 자기의 속도에 맞춰 가면 됩니다.

쌍둥이 동화책 활용하기

○ ○ ○

"영어책을 전혀 보려고 하지 않아요!"

당연합니다. 우리에게 러시아어로 된 동화책을 읽자고 하면 모두 싫다고 합니다. 여기에서 아이가 거부하는 것이 내용의 문제인지 언어의 문제인지 살펴야 합니다. 영어 동화책을 쥐어주고 혼자 읽으라고 하는 것은 어리석은 짓입니다. 영어 동화책에서 영어를 빼고 그림을 먼저 보자고 해야 합니다. 이미 한글을 아는 친구들의 경우는 문자에 눈이 떴기 때문에 영어 단어 자체를 회피하게 됩니다. 새로운 것을 받아들이고 달려들기보다는 숨어버립니다.

아이가 한글책이 익숙하지 않다면 당연히 쥐어주면 안 됩니다. 한글책을 충분히 보면서 영어를 활용해야 합니다. 생각보다 단순한 원리인데도 지키지 않는 분들이 많이 있습니다. 질문을 듣다 보면 한글책도 읽히지 않았는데 영어 원서를 보려는 분들이 많이 있습니다. 한글책이 우선이라는 것 잊지 마세요.

원서와 번역본을 쌍둥이 책이라고 합니다. 어린이 열람실에 가면 수많은 동화책이 있는데 그중에 절반은 번역본입니다. 요즘 도서관은 나라별로도 정리를 해놓습니다. 작가들의 국적도 정말 다양해서 제가 어렸을 때와는 비교도 할 수 없을 만큼 좋은 책들이 많습니다. 이 책 중에 우리가 활용할 책들은 미국, 영국, 캐나다, 호주의 작가들입니다. 기본적으로 영어를 모국어로 삼는 국가들이지요. 그 나라의 베스트셀러 책들은 반드시 번역되어 우리나라 도서관에 있기 마련입니다. 동화책을 향한 아이들의 사랑은 세계 어디나 똑같습니다. 아이들의 정서 또한 어디나 비슷합니다.

아이가 번역서를 재미있게 읽었다면 원서를 도전해 볼 수 있습니다. 여기서 주의하실 점은 아이의 한글 수준과 영어 수준은 차이가 크게 나기 때문에 조금은 유치하고 쉬운 책으로 시작해야 한다는 점입니다. 좋아하는 작가가 있다면 작가의 다른 책을 선택하는 것도 방법입니다.

쌍둥이 책이 준비되었다면 바로 읽히면 될까요? 절대 안 됩니다. 영어가 아직 서툴다면 눈에 띄는 곳에 놓아두기만 해도 됩니다. 우리의 목표는 관심입니다. 단시간에 영어책을 좋아할 수가 없습니다. 아이의 관심이 보인다면 음원, 유튜브, 혹은 엄마의 목소리로 같이 읽어주면 좋습니다. 아이가 먼저 관심 두게 해주세요.

이 과정에 실패했다고 해도 걱정하지 마세요. 아이들이 가지고 있는 영어에 대한 감정은 모두 다릅니다. 우리 아이들처럼 아무렇지 않게 다가갈 수도 있고, 제 조카들처럼 동화책은 쳐다도 안 보다가 나중에 보기도 합니다. 우리는 방법을 찾는 중이라는 것을 잊지 말아야 합니다. 완벽한 방법은 없습니다. 긴 시간 엄마표 영어를 하고, 또 아이들에게 영어의 길을 열어주면서 느낀 점은 그것 하나입니다. 방법을 바꾸는 것을 두려워하지 마세요. 그때까지 쌓아둔 경험은 절대 사라지지 않습니다.

귀로 듣던 책을 입으로 읽기

○ ○ ○

어린이집이나 유치원을 다닐 때 특활활동으로 영어를 조금씩은 접했을 것입니다. 이때 받았던 동화책을 활용해 주세요. 음원도 같이 있다면 더 좋습니다. 노래를 불러도 되고 읽어도 좋습니다. 그때 받았던 자료를 다

버렸다고 해도 도서관에 가시면 대부분 있으니 걱정하지 마세요. 노래를 불렀다면 더더욱 기억할 것입니다. 그것이 문자화되어 눈앞에 보인다는 것을 익숙하게 해 주세요.

귀로 듣던 책을 입으로 읽는다는 것은 대단한 발전입니다. 자연스러워서 생각하지 못하고 있지만 '엄마'라는 한 마디까지 1여 년이 걸린다는 것을 잊지 말아야 합니다. 소리가 익숙해지면 자연스레 발화됩니다.

아이들 성격 따라 이것 또한 다릅니다. 첫째 성빈이는 일부러 읽기 연습을 했습니다. 자연스럽게 발화가 되지 않았으니까요. 그때 어리석게 마음 졸였던 것을 생각하면 웃음이 납니다. 소리를 듣고 말하는 것은 자연스러움입니다. 자연스러움이 되기까지 수많은 흘려듣기가 있었다는 것을 기억하세요. 한 번 들은 내용, 열 번 들은 내용, 백 번 들은 내용을 비교하면 당연하게도 백 번 들었던 내용이 기억되겠지요.

반복만큼 어학에서 중요한 방법은 없습니다. 그런데 이것이 가장 지겨운 방법입니다. 지겹지 않기 위해 '노래'가 사용이 됩니다. 귀에 감미로운 노래가 들린다면 지겨움보다는 익숙함으로 다가갈 수 있습니다. 익숙하면 내 것이 될 수 있습니다.

기억에 남아있던 책을 보게 되었을 때의 좋은 점은 익숙함과 동시에 자신감이 생긴다는 것입니다. 영어라는 언어는 자신감이 절반을 차지합니다. 주눅 들고 재미가 없으면 바로 바닥으로 떨어지게 됩니다. 허풍 같은 자신감이어도 좋습니다. 세상에서 내가 영어를 가장 잘한다고 생각하게 해주세요. 우리 아이가 좋아하는 책으로 읽기를 도전해 주세요.

04

파닉스와 리더스

파닉스 익히기 좋은 다양한 교재

○ ○ ○

많이 듣는 질문 중 하나가 바로 '파닉스'에 대한 질문입니다. 이걸 하느냐 하지 않느냐는 아직도 의견이 분분합니다. 새로운 언어를 배울 때 저는 그 나라의 방식을 따릅니다. 아무리 좋은 방법이라 할지라도 그 나라의 공교육에서 하는 방법만큼 좋은 것은 없습니다.

성빈이와 한빈이 모두 영어 동화책과 영상 노출이 많았던 친구들인데요. 성빈이는 파닉스로 단계별 읽기를 올려왔고 한빈이는 스스로 터득한 스타일입니다. 결국 방향성입니다. 초등학교 입학할 즈음 영어를 시작하는 친구들은 파닉스를 배우는 것이 효율적입니다. 영어 노출 시간이 확보

된 친구들과 다른 길을 가야 합니다.

그 전에 한글을 유창하게 읽을 수 있어야 한다는 전제가 붙습니다. 언어 하나를 어느 정도 끌어올린 후 진행하는 것이 좋습니다. 마음이 급하다고 영어를 동시에 하지 마시고 모국어책 읽히기를 먼저 챙겨주세요.

영어는 한글과 같은 표음문자입니다. 소리를 조합해서 음을 내는 문자인 것입니다. 조합의 결과로 읽을 수 있다 해도 뜻을 아는 것은 또 다른 영역입니다. 그러므로 책과 영상을 활용하면 소리를 배우면서 뜻을 파악하는 힘을 기를 수 있습니다.

표음문자이기 때문에 소리를 내는 방법을 모른다면 다음 단계로 넘어갈 수 없습니다. 소리를 내는 방법은 당연히 그들의 방법을 따라야 합니다. 파닉스를 배우고도 30%의 글자는 규칙에 포함되지 않아 못 읽기 때문에 효율성을 따지는 분들이 계십니다. 반대로 생각해 보면 한 언어를 70%나 읽을 수 있다는 것은 대단한 일이라는 것을 꼭 기억하세요.

제가 아이들을 가르칠 때 단어를 못 읽어서 머뭇거릴 때마다 누구나 똑같다고 말해줍니다. 새로운 단어가 나타나면 누구나 멈칫하고 배워야 한다고요. 소리를 내는 법을 배울 때 편안하고 즐겁게 시작해야 합니다.

❶ 교재는 모두 상향 평준화되어 있습니다

우리나라의 영어 출판사들의 교재는 어학학습을 하기에 완벽합니다. 능률, 브릭스, A list 등등 손에 꼽기도 힘듭니다. 어머님들이 파닉스 교재 추천을 원하실 때 모든 출판사의 교재가 다 좋으니, 구성이나 삽화가 아이 마음에 드는 것으로 고르라고 말씀드립니다. 교재 사이트에 가입하면 활용할 수 있는 자료들도 넘쳐납니다. QR코드를 찍으면 음원은 물론 영상까지 연결이 됩니다.

파닉스 교재의 단점을 꼽자면, 보통 6권의 세트로 되어 있는데 그 안에 들어있는 어휘의 양이 적다는 것입니다. 당연하지만 음가의 규칙을 배우는 단계이기 때문에 어휘가 많을 수가 없습니다. 그런데 이것을 착각하고 딱 6권 마무리했다고 파닉스를 완성했다고 생각합니다. 섣불리 리더스 단계로 넘어가는 실수를 합니다. 그 정도의 어휘량으로는 턱없이 부족합니다.

그래서 학원에서는 보통 파닉스 교재와 더불어 코스 북을 같이 진행합니다. 기초 회화를 단계별로 배울 수 있는 코스 북을 진행하면서 어휘의 양을 늘려주고 표현도 배우게 됩니다.

❷ 영상은 조절 능력을 키우면서 보여주세요

초등학생이 파닉스 영상을 보게 될 때 두 가지 반응이 있습니다. 부담 없이 받아들이기도 하지만 유치하다, 어렵다, 싫다고 하는 경우가 있습니다. 파닉스 영상의 경우 되도록 같이 진행하는 것이 좋습니다. 늘 강조하지만 듣기가 없이 언어를 가질 수 없습니다.

지금 추천해 드리는 채널들은 파닉스가 기본이지만 단어를 비롯해 기초적인 연산 등 시작 단계에 필요한 영상들을 포함하고 있습니다.

🔘 Alphablocks

제가 늘 추천하는 채널입니다. 정말 유명한 영국에서 온 파닉스 블록들입니다. 알파벳들이 자신의 음가를 가지고 돌아다니면서 소리를 냅니다. 직관적으로 조합을 배울 수 있어서 아주 좋습니다.

Alphablocks ✓

@officialalphablocks · 구독자 202만명

The **Alphablocks** are 26 living letters who discover that whenever they hold hands and make a word, something magical happens.

🔵 Preschool Prep

이름처럼 미취학 아이들의 학습을 도와주는 채널입니다. 이 채널도 알파벳들이 직접 돌아다닙니다. 귀여운 단어들을 보면서 따라 하다 보면 음가 익히기가 수월해집니다. 파닉스 영상이기 때문에 단어를 반복해서 소리를 들려줍니다.

Preschool Prep Company

@PreschoolPrepCompany · 구독자 71.1만명

Preschool Prep Company™ Books & DVDs have won hundreds of awards and are used in millions of homes and schools around ...

🔵 Khan Academy Kids

유튜브 검색창에 한글로 '파닉스'라고 검색해도 엄청난 영상들이 뜹니다. 프리미엄을 사용하지 않는다면 '광고'도 당연히 뜨고요. 광고 없이 활용하실 수 있는 애플리케이션을 추천해 드립니다. 제가 정말 좋아하는 Khan academy의 어린이 버전인데요. 탭이나 모바일로 활용할 수 있습니다. K부터 gr2까지의 영상들로 학습을 할 수 있고 유튜브 연계 영상인데 광고가 나오지 않습니다.

🦊 Little Fox

우리나라 프로그램입니다. 20년이 넘었습니다. 깨끗한 성우 발음으로 정확한 소리를 들을 수 있고 1단계에서 7단계까지 알파벳부터 장편 동화까지 '듣기'를 할 수 있는 프로그램입니다. 사이트에 들어가면 단어부터 퀴즈 이북까지 활용할 수 있는 모든 것들이 들어있어요. 파닉스 단계가 세분되어 있고 동화책을 보는 것 같이 활용을 할 수 있어서 추천합니다.

활용할 수 있는 프로그램이 다양하다는 것은 아이들의 취향이 다 다르다는 말이기도 합니다. 누가 좋다고 해서 억지로 하면 안 됩니다. 우리 집은 위에 보여드린 모든 채널을 다 봤습니다. 아이들 세계에도 유행은 있으므로 한 채널을 보다가 다른 채널을 보고 그렇게 활용했습니다. 형제여도 다른 채널을 좋아하기도 합니다. 절대 취향을 강요하지 마세요.

리더스를 읽는 이유

000

7세 이상이 되면 한글을 대부분 깨치고 줄글을 잘 읽는 연습을 하게 됩니다. 그 시기가 지났다면 리더스를 같이 활용해도 좋습니다. 파닉스 교재가 유치하다고 핑계를 댄다면 리더스 중 가장 쉬운 단계부터 시작해도 무방합니다.

파닉스에서는 대표적인 음가 규칙을 배운다면 리더스에서는 사이트 워드를 포함한 완벽한 문장 읽기를 연습하게 됩니다. he, his, him을 배울 때 우리 세대에는 주격, 소유격, 목적격 이렇게 문법에 빗대어 외워야 했다면 사이트 워드 연습에서는 단어들을 눈에 익히는 것을 목적으로 합니다. 눈으로 보면서 소리를 듣고 입으로 따라 하는 것이 가장 기본적인 방법이 됩니다.

리더스는 한 출판사의 책만 봐서는 절대 채워지지 않습니다. 다양한 출판사의 다양할 레벨의 책을 읽어야 합니다. 이 책들을 모두 살 수 없습니다. 당연히 도서관에 가면 모든 것이 갖춰져 있습니다. 리더스는 읽기 훈련용 책이기 때문에 소장할 필요가 크게 없습니다. 성빈이가 리더스를 읽을 때 저는 다 샀는데 후회했답니다. 한빈이가 볼 것이라고 철석같이 믿고 구매했는데 안보더라고요.

❶ 출판사마다 레벨 선정이 다르다

리더스의 단계는 출판사마다 임의로 정해집니다. 스콜라스틱스 출판사의 1단계 리더스와 어스본 출판사의 1단계가 다릅니다. 그러므로 책을 고를 때 엄마가 반드시 골라야 합니다. 도서관에서 1단계 리더스들을 다

뽑아 놓고 어떤 책이 쉬운지 보면 금방 알 수 있습니다. 그렇게 단계별로 구분한 후 도서관에 있는 리더스의 1단계부터 돌아가면서 읽게 해주세요.

❷ 리더스는 '읽기' 연습을 위한 책입니다

가끔 리더스를 읽고 내용 파악을 시키려는 어머님들이 있습니다. '리더스'는 읽기를 위한 책입니다. 감상을 위한 책이 아닙니다. 읽기를 위해 문장들을 패턴으로 분류한 책들이 많으므로 문학성을 따질 수 있는 동화책과는 전혀 목적이 다릅니다. 리더스의 목적에 따라 활용하시고 내용 파악이나 그림 읽기는 동화책이나 다음 단계인 얼리 챕터북에서 진행해 주세요. 이 책은 목적이 분명한 책이라는 것 잊지 마세요.

❸ 리더스 읽기 방법

리더스 읽기는 훈련입니다. 훈련은 강도를 조금씩 올려야 합니다. 전 단계가 대부분 소화된 후 살짝씩 양을 늘려주는 것이 가장 좋습니다. 처음에 시작할 때 아이와 함께 양을 정해보세요. 1권부터 5권까지 가능합니다. 5권 이상은 힘듭니다. 첫날 5권을 정했지만, 하고 보니 너무 힘들다면 줄여주시고 시작하세요.

1주일이 지나고 나면 읽던 양에 한두 권만 추가해서 또 1주일 반복합니다. 양을 두 배로 늘리는 것이 아니라 읽던 양의 한두 권만 추가라는 것을 잊지 마세요. 유창하게 읽는다고 생각되시더라도 기초 단계 연습할 때는 되도록 음원을 듣고 읽는 것이 좋습니다.

딱 눈감고 3개월만 진행해주세요. 빨리 익숙해지는 친구들은 2개월에도 성과가 보일 것입니다. 리더스의 단계가 올라가면 어렵고 시간이 더 오래 걸리기 때문에 하루에 읽는 양은 최대 10권이 되지 않게 해주세요. 단계가 올라가서 어머님이 보시기에도 어렵다면 양을 더 줄여주서도 좋습니다.

읽기를 하다 보면 아이가 주변의 영어들을 읽으려고 하게 됩니다. 글자가 드디어 눈으로 들어온 것입니다. 그럴 때 같이 기뻐해 주시고 응원해 주세요.

피하지 말고 응원해 주세요
○ ○ ○

제가 어머님들께 읽기 연습을 시작하라고 말씀드리면 대부분 어머님들은 난감해합니다. 방법을 상세히 알려주면 시작도 해보지 않고 지레 겁을 먹습니다. 아이가 태어나서 지금까지 해온 모든 것은 연습과 훈련이 있어서 가능한 것이라는 것을 잊으면 안 됩니다. 제대로 서기까지 엉덩방아를 몇 번이나 찧었을까요? 아이가 힘들어한다고 '서지 말고 기어다니자'라고 말하지 않았을 것입니다.

초등학교 들어와서의 한글이나 영어 읽기 연습은 아이를 힘들게 하는 것이 아니라 글자가 필요 없는 세상에 살지 않는 한 아이가 헤쳐 나가야 할 필수 임무입니다. 다음 단계로 가고 싶다면 넘어가게 도와주고 응원해 주는 것이 부모의 역할입니다.

훈련이라는 말을 붙여서 무서워 보일 뿐 정작 시작하면 괜찮다고 하는 분들이 많습니다. 음식을 씹기 싫다고 꿀꺽 삼키는 것도 덩어리의 크기에 따라 불가능해지는 시기가 바로 초등학교 시기입니다.

학원 보내고 눈을 감으실 건가요? 학원의 수업도 어머님의 관심이 없다면 100%의 성과가 절대 나올 수 없는 곳입니다. 학교도 학원도 '학'을 하는 곳이라는 것 잊으면 안 됩니다. '습'은 집에서 이뤄져야 합니다. 어린 시기의 '습'은 어려운 것이 아니라 습관을 들이는 과정입니다. 위생에 관한 습관을 들이듯 학습도 습관을 들여주세요.

처음 시작은 당연히 힘듭니다. 아이들은 생각보다 더 빨리 익숙해지고 발전한다는 것을 잊지 마세요. 다양한 어머님들을 만나본 결과로 말씀드리면 어머님이 회피하고 포기를 하지만 않는다면 결과는 좋은 쪽으로 기울었습니다. 아이들은 엄마의 응원으로 자란다는 것 잊지 마세요.

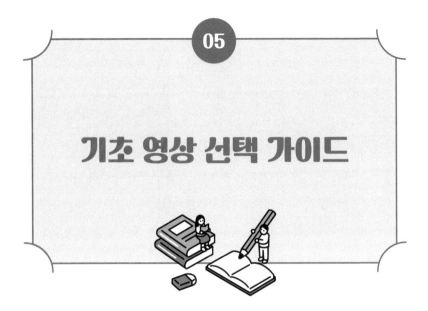

기초 영상 선택 가이드

듣기를 위해 영상을 활용하세요

○ ○ ○

부모가 차단한다고 하더라도 영상을 피할 수는 없습니다. 보육 기관에서도 학교에서도 영상을 보게 됩니다. 예전 우리 세대들이 자랄 때와는 다른 환경 속에서 영상이라는 것을 어떻게 활용해야 할지 생각해야 합니다. 똑똑한 활용을 해야 합니다. 미디어를 통해 얻는 지식도 활용할 수 있게 키워야 하는 것이 요즘 세상입니다.

영상 노출을 하지 않고 아이를 키우겠다는 생각은 정말 대단한 것임에는 분명합니다. 무분별한 영상 노출이 아이들의 뇌에 안 좋은 영향을 미치는 것도 과학적으로 증명이 되었고요. 그렇지만 언어를 배움에 있어서 영상 없이 책으로만 공부하는 것은 정말 힘든 일입니다. 외국인들이 한국 드라마를 보다가 우리말을 배우게 되는 이유가 여기 있습니다.

간혹 초등학교 입학 후에 '영어 공부'를 하려는 어머님 중 듣기를 등한시하는 경우가 있습니다. 듣기 평가가 쉽다는 이유로 하지 않아도 된다고 생각합니다. 그렇게 되면 말 그대로 시험을 위한 공부만 하게 되고 20년 전 우리들처럼 영어로 말 한마디 못 하는 어른이 됩니다. '영어 공부'가 시험을 위한 공부였다고 하더라도 20대부터 진짜 활용할 수 있는 알짜배기 지식이 된다면 훨씬 더 좋지 않을까요? 그 바탕을 깔아준다고 생각해야 합니다.

듣기는 언어를 배우는 데 가장 기본적인 환경입니다. 우리가 한국어를 잘하는 이유는 하루 종일 듣고 말하기 때문입니다. 너무나 단순한 이론입니다. 영어를 시작한다면 듣기를 같이 진행해야 합니다.

초등학교 3학년만 되더라도 유치하다며 보려고 하지 않습니다. '유치하다'라는 표현 속에는 '재미가 없다'라는 뜻이 들어있습니다. 가장 깊숙한 곳에서는 '무슨 말인지 모르겠다'가 숨어있습니다. 더 이상 알고 싶지 않다고 말하는 것입니다.

더 자라기 전에 영어 영상을 골라주세요. 늦은 나이는 없습니다. 몇 살에 시작하더라도 영어 듣기 없이는 힘듭니다. 교재에서 들려주는 음원도 좋지만, 이해하기 쉬운 영상을 보는 것이 훨씬 더 재미가 있고 효율적입니다.

마이 리틀 포니와 페파피그

○ ○ ○

'마이 리틀 포니'와 '페파피그'는 둘 다 엄청나게 인기가 있는 애니메이션입니다. 이 두 영상으로 보드북, 리더스북 동화책도 출간이 되고 인형들도 함께 인기가 많습니다. 영어 듣기에서 가장 중요한 것은 아이가 좋아하는 캐릭터를 찾아주는 것입니다. 영어를 시작한 지 얼마 되지 않은 아이가 마이 리틀 포니에 빠지게 되면 무슨 일이 일어날까요?

전혀 알아듣지 못하고 빠른 전환이 있는 영상만 보게 됩니다. 마이 리틀 포니는 미국의 초등학생 나이의 아이들이 주인공입니다. 한글로 본다면 우리나라 초등학생들도 볼 수 있습니다. 그것은 말이 통했을 때의 이야기입니다. 가끔 마이 리틀 포니를 좋아한다는 이야기를 들으면 하나도 알아듣지 못하니 다른 영상으로 바꿔주라고 말씀드립니다. 마이 리틀 포니는 굉장히 말이 빠릅니다. 새침한 여자아이들의 말 받아치기라고 하면 아실까요? 귀엽고 사랑스러운 영상인 것은 맞으나 처음 시작할 때는 전혀 추천하지 않습니다. 유추한다고 해도 어느 정도의 레벨이 되어야 가능한데 이 이야기는 주인공이 사람 형태가 아니고 말이기 때문에 행동들 또한 유추하기 힘듭니다. 영어를 어렸을 때부터 들어왔던 우리 아들들도 이 이야기를 이해하기까진 꽤 오랜 시간이 걸렸습니다. 저도 어렸을 때 멈추게 한 적이 있답니다.

페파피그는 유치합니다. 유치원에 다니는 주인공과 더 어린 남동생의 일상이 주 내용이기 때문에 유치하다는 이야기를 들을 수 있습니다. 하지만 영상의 타깃층 자체가 어리다 보니 말이 빠르지 않고 상황들이 설명이 잘 됩니다. 이 역시 동물이 주인공이긴 하지만 사람 형태로 나오기 때문에 행동들을 보고 유추를 할 수 있습니다. 주인공 자체가 한 가족이기 때문에 다룰 수 있는 에피소드들도 순하고 인성에 관한 내용들이 많습니다. 대화할 때의 태도와 아이들에게 보이는 모습들을 보면 부모로서도 배울 것이 많은 굉장히 좋은 애니메이션입니다.

두 애니메이션을 비교한 이유가 바로 이것입니다. 영상은 이해해야 합니다. 하다못해 보고 나면 내용이 어렴풋이 파악되어야 합니다. 그렇지 않으면 정말 아이들의 뇌는 멈춰진 그 상태로 영상만 지나가는 형태가 됩니다.

디즈니 만화도 그런 축에 속합니다. 둘째 조카가 디즈니 만화를 굉장히 좋아합니다. 한글로 여러 번을 봐서 외울 정도로 봤다고 합니다. 어느 날부터 영어 자막으로 보여 달라고 했다고 합니다. 둘째 조카는 2학년 가을부터 영어 공부를 시작했습니다. 듣기, 파닉스, 리더스를 차례대로 진행하고 리딩과 독해를 진행하고 있습니다. 처음부터 콘텐츠는 다르게 활용하더라도 듣기를 하지 않은 날은 없었습니다. 그 세월이 쌓여 디즈니를 영어 자막을 켜고 볼 수 있는 수준이 되었습니다. 문장들이 어려워 보여서 이해할 수 있냐고 물어봤더니 우리말로 많이 봐서 이젠 어떤 내용이 나오는지 알기 때문에 영어로 봐도 답답하지 않다고 했습니다.

듣기는 이런 순서로 채워져야 합니다. 아무것도 모르는 아이는 유치해도 알파벳, 파닉스부터 보고 영어 동요를 듣고 쉬운 영상으로 채워져야 합니다. 옆집 아이가 영어 잘하게 되는 것을 부러워하지 마세요. 영어는 언어입니다. 꾸준히 간다면 어느 수준 이상으로 모두 도착할 수 있습니다.

처음 보기 좋은 영상 추천
○ ○ ○

늘 말씀드리지만, 영상 또한 취향입니다. 아이가 어떤 분야를 좋아하고 관심을 가지는지 가장 잘 아는 것은 엄마입니다. 여기 추천되는 영상들을 다 싫어할 수도 있어요. 하지만 검색의 세계는 무한정 넓습니다. 많은 양을 보는 것이 중요하지 않습니다. 천천히 꾸준히 볼 수 있게 습관을 길러주세요.

❶ Mother Goose Club

영어 동요들을 볼 수 있는 채널입니다. 특히 만화가 아니라 비슷한 초등학생 또래가 나와 노래를 들려주기 때문에 유치하다는 평계를 조금은 무마시킬 수 있습니다.

Mother Goose Club ✔
@MotherGooseClub 구독자 925만명 동영상 1.3천개
The official channel for all things Mother Goose Club. Preschoolers, parent... 〉

❷ Blue's Clues

예전에 화질 안 좋은 DVD로도 너무나 재밌게 봤던 애니메이션입니다. 강아지의 힌트로 주인공이 수수께끼를 풀어갑니다. 강아지와 수수께끼는 아이들이 언제나 환영하는 아이템입니다. 영상을 보는 시청자들에게 질문을 던지며 진행하는 스타일의 시조새 격인 프로그램입니다.

Blue's Clues & You! ⊘
@bluesclues 구독자 196만명 동영상 1.2천개
Welcome to the OFFICIAL Blue's Clues & You! YouTube Channel! ⟩

❸ Dora & Diego

도라와 디에고는 사촌 사이입니다. 도라는 보통 친구들과 모험을 떠나면서 문제를 해결하고 디에고는 야생동물들을 구출하는 일을 합니다. 둘이 같이 나오는 애니메이션도 재미있습니다. 유해한 것이 전혀 없는 캐릭터들입니다.

❹ Mr Tumble and Friends

주인공인 텀블 씨가 나와 1인극을 하는 형태입니다. 말을 천천히 하고 말을 행동으로 표현합니다. 일상생활에 대한 회화를 배우기에 아주 좋습니다.

Mr Tumble and Friends ✓
@MrTumble 구독자 39.6만명 동영상 439개
Welcome to the official YouTube channel for CBeebies Mr Tumble and Frie... ›

추천한 영상들의 공통점은 가끔 보고 있는 시청자들에게 질문을 하고 의견을 묻기도 한다는 점입니다. 완전한 쌍방향 소통은 되지 않더라도 이해하는지 스스로 점검해 볼 수 있어요. 처음에는 질문에 부끄러워하거나 당황하다가도 대답하는 날이 오게 됩니다.

처음 영상을 접할 때 그냥 보라고 하지 마시고 조금씩은 같이 보시는 것을 추천해 드립니다. 아이들과 이야기할 거리가 생깁니다. 아이와의 대화는 그 자체로 아이들에게 굉장히 큰 자신감을 주고 위로 또한 건넬 수 있다는 것 기억하세요.

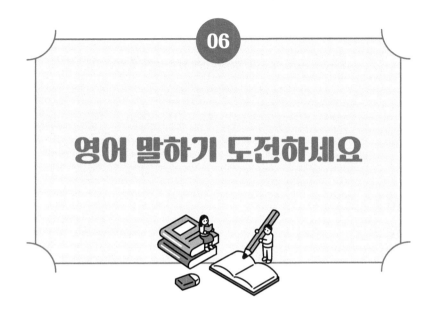

영어 말하기 도전하세요

말하기를 좋아하는 친구라면

○ ○ ○

'말'의 영역은 아이들의 성격과도 밀접한 관련이 있습니다. 형제를 키우는 분들은 이미 눈치채셨을 것입니다. 저도 성빈이와 한빈이의 스타일이 너무 달라서 혼란스러웠습니다. 다른 인간이니 다른 모습을 보이는 것이 맞는데 처음 아이를 키우는 처지에서 다름을 받아들이기까지 시간이 걸렸습니다.

만약 말하기를 좋아하는 친구라면 말하기 연습을 시작해도 좋습니다. 이런 친구들은 우선 따라 하기를 좋아합니다. 아이돌의 노래와 춤을 금새 따라 하기도 하고, 책 속에 나오는 장면들을 연기하면서 흉내 내기도 잘할 거에요.

'읽기' 능력과 별개로 '말하기' 능력이 발달한 친구들은 영상 따라 하는 연습이 참 좋습니다. 따라 하는 방법에는 여러 가지가 있습니다. 순서대로 진행해도 되고 아이가 좋아하는 대로 해도 좋습니다. 완벽한 방법은 없습니다.

❶ 바로 들으면서 따라 말하기

일명 '섀도잉' 방법입니다. 그림자처럼 말을 따라 하는 것이죠. 영어 말하기가 성장하기에 가장 완벽한 연습 방법이지만 정말 어려운 방법입니다. '듣기'가 채워지고 듣는 대로 따라 하는 것이기 때문에 가장 난이도가 높다고 할 수 있습니다. 온라인을 통해 보이는 아이들이 쉽게 한다고 부러워하지 않아도 됩니다. 섀도잉은 우리 아이들도 전혀 성공 못 한 방법입니다. 언어 감각이 좋은 친구들에게 추천하는 방법입니다. 너무 힘들게 이 방법을 훈련하는 것은 금물입니다. 훈련은 습관을 들이려는 방법이지 아이들을 고생시키려는 방법이 아닙니다.

❷ 한 문장씩 보고 듣고 따라 말하기

영상에서 나오는 말이 너무 빠르다면 문장 읽기를 도전해 보세요. 유머러스한 동화책으로 시도하는 것을 추천합니다. 보통 책의 음원은 영상보다 빠르지 않습니다. 천천히 완벽한 발음으로 읽어줍니다. 전체를 따라 읽기보다는 대화하는 장면들만 뽑아서 읽는 것을 추천합니다. 상황에 맞는 감정 표현을 한다면 더욱 좋습니다. 내가 읽고 있는 문장이 어떤 분위기인지 더 쉽게 느낄 수 있고 표현을 배울 수 있습니다. 많이 익숙해지면 듣지 않고 말할 수 있게 됩니다. 그렇게 아이의 문장을 늘려주세요.

❸ 영상 자막 따라 노래 부르기

섀도잉보다는 조금 쉬운 방법입니다. 이것도 시작 시기에는 쉬운 영상으로 해 주시는 것이 좋습니다. 어린이용 동요 영상들로 활용하면 정말 좋습니다. 노래방의 스타일로 글자 하나하나가 색이 채워지면서 자연스럽게 따라 부를 수 있는 영상도 많습니다. 가장 유명한 채널로는 '바다나무'와 '슈퍼 심플송'이 있습니다. 신나는 음악에 영상 하단에 가사가 보이고 춤추면서 따라 부르기 가볍고 좋은 채널입니다.

대화를 원한다면? 화상 영어 도전해보세요
○ ○ ○

말하기를 언제부터 배워야 하느냐는 고민이 많습니다. 최소한 영어 듣기, 읽기 연습을 6개월 이상 진행한 후에 시작하는 것을 추천합니다. 사실 저는 인풋 없이 스피킹을 하는 것에 대해 부정적인 사람입니다. 채워진 것이 없다면 이야기할 거리가 없으니까요.

인풋이 차있다고 여겼던 성빈이보다 까불거리는 한빈이가 말을 더 먼저 시작하면서 제 생각도 조금 달라졌습니다. 현재 수준이 유치하다고 해서 말할 것이 없는 것도 아닙니다.

영어 인풋을 3년 이상 꾹꾹 채워 담은 학생들에게만 화상 영어를 추천했던 제가 이제는 성향에 맞게 추천을 해주고 있습니다. 모든 것은 아이의 때에 맞춰야 하는 것입니다. 시작 시기가 달라지는 것이지 인풋을 줄

이라는 말은 절대 아니니 오해하면 안 됩니다

❶ 화상영어를 시작하면 좋은 시기

듣기도 꾸준하게 진행하고, 읽기 연습도 잘하는 친구가 있습니다. 읽기와 독해 레벨이라는 것은 쉽게 쉽게 올라가지 않습니다. 굉장히 지루한 평지를 걷다가 어느 순간 점프를 하는 식입니다. 이게 맞나 싶을 때 계단 하나를 오르게 됩니다. 아이의 실력이 더 오르는 것 같지 않을 때, 매일 하는 학습의 지루함을 느낄 때, 화상영어를 살짝 권해봅니다.

제가 중요하게 생각하는 철학 중의 하나는 아이를 객관적으로 칭찬해 줄 어른이 많아야 한다는 것입니다. 부모나 일가친척의 칭찬이 아닌 객관적 위치에서의 칭찬은 아이들의 자신감을 올려주고 동기부여가 확실하게 됩니다.

화상영어를 진행하면서 아이들은 귀여움을 받고요. 엄마보다 더 잘 참아주는 선생님들과 수업하면서 영어에 대한 끈기를 얻게 됩니다.

꾸준히 매일 진행하고 있는데 어딘가 지루함에 빠진 것 같다면 화상영어를 추천합니다. 엄마의 걱정보다 더 재밌게 진행하고 무료함도 사라지게 됩니다.

❷ 화상영어를 시작할 때

일주일에 1, 2번으로 말을 배운다면 말이 늘지 않습니다. 가벼운 마음으로 매일 진행하는 것이 아이에게도 좋습니다. 비용적인 면도 따져보아야 합니다. 필리핀 선생님들의 발음을 걱정하는 분들이 많습니다. 성빈이와 한빈이를 보면 발음은 아이의 구강구조와 스타일이 더 크게 차지했습니다. 성빈이의 경우 점점 더 좋아지고 있고요. 한빈이의 발음이 더 낫습니다. 필리핀 선생님의 발음을 걱정할 거라면, 그 전에 엄마의 발음부터 따라 했겠지요. 당연하게도 제가 셋 중 가장 발음이 안 좋습니다. 아이들은 화상영어를 하면서 즐겁게 지식을 배우고 스피킹을 좋아지지 선생님의 발음을 따라 하진 않았습니다.

일단 화상영어를 시작하려고 하셨다면 고정된 선생님과 고정된 시간에 학습할 수 있게 계획을 짜주세요. 부담되지 않는 범위 내에서 시작해야 아이의 실력이 더 잘 자라게 됩니다.

❸ 화상영어 업체를 고를 때

정말 다양한 업체가 있습니다. 제가 어머님들께 업체를 고를 때 드리는 조언은 다음과 같습니다. 테스트한 선생님과 수업할 수 있는지, 레벨 별로 선택할 수 있는 다양한 교재가 있는지, 수업이 제대로 진행되지 않았을 때 보강은 어떻게 하는지, 수업에 대해 관리하는 매니저가 필리핀에 상주하는지, 한국 센터와 연결은 잘 되는지, 원할 때 피드백을 잘 받을 수 있는지, 선생님이 마음에 들지 않을 때 바꾸는 것이 쉬운지 등등을 점검해야 합니다.

요즘은 예전처럼 악덕 업체들은 많지 않습니다. 워낙 경쟁이 치열해서 서비스의 질도 올라갔고요. 더불어 비용도 올라가는 추세입니다. 처음 시작은 가성비 좋은 튼튼하고 내실 있는 필리핀 업체를 선택하는 것을 추천합니다. 친절하고 아이를 사랑하는 선생님과 함께하는 수업은 긍정적인 효과를 낼 수밖에 없습니다.

맞는 시기는 아이마다 다릅니다.

○ ○ ○

발음 지적을 받던 성빈이는 이제는 하고 싶은 말을 다 한다는 평을 받습니다. 토론 수업에서 자신의 의견을 말하는 데 적극적으로 합니다. 고작 2년 전만 해도 부끄럼쟁이였던 아이가 이제는 당당하게 되었습니다. 둘째 한빈이는 형보다 말을 빨리 시작했지만, 깊이가 있지는 않았습니다. 그런데 이제는 말을 잘한다는 소리를 듣습니다. 인풋이 채워졌기 때문입니다.

새로운 언어를 배우면서 아이들의 속도와 순서는 모두 다릅니다. 듣기, 읽기, 쓰기, 말하기의 영역은 결국 서로 연계하여 채워지는 것이지 한 가지만 뻗어나갈 수는 없습니다. 인풋이 없이 말만 잘한다면 결국 쓰기에서 무너지게 됩니다. 영어 학습이라고 할지라도 네 가지 영역을 골고루 채워주려 노력해야 합니다. 못하는 것이 아니라 안 하는 것입니다.

우리 아이의 순서에 맞춰 진행해 주세요. 다른 집 아이의 발전 방향은 참고만 하는 것입니다. 여유로운 저학년 시기에 다양한 활동을 하라고 하는데 영어 또한 그 안에 들어간다고 생각합니다. 초등 고학년이 되면 실질적으로 언어에 투자할 시간이 없습니다. 영어만 하더라도 단어가 어려워져서 암기가 늘고 중학교가 코앞에서 문법 학습도 해야 되니까요. 영어뿐 아니라 다른 과목까지 늘어난 공부량에 어쩔 수 없는 선택을 해야 하는 시기가 옵니다.

3장

초등 영어 다지기
(3~4학년)

초등 필수 800단어

○ ○ ○

초등 영어 교과서는 쉽다고들 합니다. 쉽다는 것의 정의가 무엇일까요? 아이들에게 질문을 했을 때 '쉬워요'라는 대답을 들으면 저는 늘 이렇게 말합니다. 그럼, 개념을 말로 설명해 보라고요. '쉽다'를 이해 정도의 개념으로 생각하면 안 됩니다. 쉽다는 것은 음식을 먹고 소화를 다 시켜 소장에서 흡수까지 끝내고 각 세포로 에너지가 전달되어 우리 몸에 유용하게 쓰인 결과를 내는 정도의 정성이 들어가야 할 수 있는 말입니다.

초등 영어 교과서 이야기를 다시 해보겠습니다. 쉽다고 여겨지는 교과서의 단어들도 필수가 있다는 것을 아시나요? 초등 3학년에서 6학년까지 반드시 내 것으로 만들어야 하는 것들이 존재합니다.

쉬워지는 과정을 음식의 소화와 비유를 했습니다. 그렇다면 이번에는 영양소입니다. 우리는 아이에게 '필수 영양소'를 먹이려고 노력합니다. 그것들이 있어야 아이의 몸이 제대로 만들어지기 때문입니다. 그렇다면 '필수 영단어' 역시 아이의 영어 기초를 다지기 위해서 꼭 필요한 학습이라는 말이 됩니다.

학원에 다니면서 단어를 외웠다고 하는 초등학생들을 보면 제대로 숙지가 되어있지 않은 경우가 많습니다. 분명 학교 영어는 쉽다고 무시하고 학원의 진도를 나갔는데 왜 아이 머릿속에는 필수 영단어의 스펠링이 제대로 들어있지 않은 것일까요?

단기 기억이 장기 기억으로 변환되려면 긴 시간을 노력해야 합니다. 학원의 문제라고 치부하고 싶지 않습니다. 학습의 장소가 문제가 아니라 태도의 문제입니다. 단어 암기는 아이들이 싫어하는 영역 중 하나입니다. 그렇다고 단어를 암기하지 않을 정도의 독서량을 갖춰주지도 않습니다. 단어가 채워지지 않으면 단어의 연결인 문장, 문단이 이해될 수가 없습니다.

영어가 무슨 암기냐고 하면서 이해라고 하는 분들도 많습니다. 학습의 기본은 이해와 습득입니다. 습득은 매우 많은 자료를 통해 자연적으로 일어나기도 하지만 두뇌의 저장 운동으로도 채워집니다. 두뇌의 운동을 암기라고 한다면 결과는 저장이 됩니다.

암기를 바탕으로 기본을 다지고 그 위에 이해가 쌓여야 합니다. 그 과정이 충실해질 때 '쉽다'라는 말을 할 수 있습니다.

우리가 한글을 쓰고 읽으면서도 어휘 학습은 따로 해주듯 영어도 마찬

가지입니다. 한글은 하루 종일 쓰고 말하기 때문에 '암기'까지 가지 않아도 체득할 수 있습니다. 하지만 맞춤법과 국어 문법은 배워야 하는 영역이기 때문에 암기가 들어가야 합니다.

하물며 영어는 굉장한 독서량을 가지고도 외국어이기 때문에 암기가 필요합니다. 나라에서 정해놓은 '초등 필수 800단어'를 무시하지 마세요. 유치원 때 배운 단어라고, 이미 알고 있다고 착각하면 안 됩니다. 교육과정에서 지정해 놓은 것들은 그 이유가 반드시 있습니다.

필수 영단어 학습 방법
○ ○ ○

제가 추천해 드리는 방법은 두 가지입니다. 두 가지를 적절히 섞어서 단계별로 시행해 주시면 아이들도 부담이 줄어듭니다. 우선 파닉스나 리더스를 시작도 하지 않은 친구들에게는 추천하지 않습니다. 최소한 단어장에 있는 단어의 70%는 읽을 줄 알아야 뜻을 배울 수 있습니다. 영한으로 암기하는 것에 대해 비판적인 생각을 가질 수도 있습니다. 지금 하는 학습 방법은 영어 노출이 충분히 되어 영영사전을 활용할 수 있는 친구들을 위한 방법이 아니라는 것을 염두에 둬야 합니다.

아이들을 가르치면서 영한 단어 암기를 시키게 된 이유가 있습니다. 영상을 즐기고 리더스들을 읽으면서 아이들의 유추 능력은 발달합니다. 정확하지 않지만, 대충의 뜻을 알아듣는 시기가 오게 됩니다. 어머님들이 특히 찍는 것 같다고 말을 하면 저는 언어의 뜻을 감으로 파악하는 것도 아주 중요한 요소라고 말씀드립니다.

영어는 외국어이기 때문에 감으로만 학습할 수 없습니다. 그래서 분명한 한글 뜻 파악을 위해 영한으로 단어를 암기하게 합니다. 그 대신 영한으로만 영어 학습을 진행하지 말아야 합니다. 언어의 감과 정확성은 떼어놓을 수 없습니다. 영한으로 단어를 암기하고 해석하면서 아이들의 시야가 시원해지는 성과를 얻게 됩니다. 시야가 시원해지는 것은 명확한 뜻을 알게 되면서 오는 깨달음 같은 것입니다. 형체가 없던 미지의 세계에서 도자기를 새로 빚어낸 느낌인 것입니다.

❶ 교과서 영어 문제집 활용법

영어 교과서를 만드는 출판사마다 평가 문제집을 출판합니다. 아이의 영어 교과서 출판사와 같은 교재를 사용해도 좋고, 대표적인 출판사의 어휘교재를 활용해도 좋습니다. 어느 쪽도 상관이 없습니다.

이 교재들은 처음 봤을 때 '너무 쉽지 않나?'라는 생각을 하게 됩니다. 살펴보면 알게 됩니다. 쓰기 영역을 연습할 수 있게 만들어져 있다는 것을요. 단어의 음가를 듣고 쓰는 것이 스펠링 암기의 첫걸음입니다. 우리 때처럼 알파벳을 하나하나 외우는 것이 아니라 파닉스를 배운 친구라면 소리를 조합하는 연습을 하는 것이죠. 당연히 처음부터 잘되지 않습니다. 틀려도 괜찮습니다. 멈추지만 않으면 결국 해낼 수 있습니다.

보통 학년별로 4권씩 구성이 되어있습니다. 내용 자체로는 어렵지 않기 때문에 한 권씩 진도를 나가주시면 좋습니다. 코칭을 해드리는 분 중에 영어 교재를 처음 시켜보고 놀란 분들이 많습니다. 아주 쉬워 보이는데 제대로 쓰지를 못한다고요. 쓰지 못하는 것은 당연합니다. 연습하지 않았으니까요. 받아쓰기도 연습하지 않으면 틀립니다. 하물며 외국어라는 것을 잊지 마세요.

❷ 필수 영단어 단어집

교과서 영어 교재를 진행 중이거나 혹은 4권을 다 마쳤다면 활용할 수 있습니다. 우리가 학창 시절에 봤던 영어 단어집의 초등학생 버전이라고 생각하시면 됩니다. 이 역시 유명 출판사의 책 중 가장 좋은 구성으로 고르면 됩니다.

단어의 뜻을 제대로 알고 있지만 스펠링을 암기하지 못하는 경우가 있습니다. 암기하는 방법은 다양한데요. 눈으로 암기하는 친구도 있고 쓰면서 암기하기도 합니다. 그렇지만 대체로 요즘 아이들은 쓰는 것을 아주 싫어해서 눈으로만 하려고 합니다. 저는 손으로 써보는 것을 추천하지만 손을 정말 쓰기 싫다면 온라인으로나마 학습할 수 있게 해 주세요. 온라인 학습법은 다음 장에서 다시 설명해 드리겠습니다.

소리 내서 읽어야 합니다
○ ○ ○

중학생 친구를 상담할 때의 에피소드입니다. 중2 학생이었고 문장 리딩을 하라고 하는데 단어를 못 읽었습니다. 그런데 뜻은 알고 있더라고요. 이 학생만이 아니라 우리나라 초등 고학년부터 중학생 친구들이 가지고 있는 습관입니다.

영어는 개인차가 너무 심한 과목입니다. 내가 아무리 열심히 해도 내 발음은 너무 '한국식'인 것 같은 부끄러움을 가지게 되는 시기가 이때입니다. 단어를 소리 내서 읽을 줄 아는 것이 먼저인데 단어를 암기할 양도 많고 발음도 신경 쓰이기 때문에 그저 영한 단어로만 읽어보지도 않고 외우기만 하게 됩니다.

소리 내서 읽는 습관이 잡혀있다면 전혀 문제 되지 않습니다. 아이들이 문제가 아니라 아이들이 공부해 온 방법이 잘못된 것입니다.

국어 지문의 내용을 잘 파악하지 못하는 학생들에게도 똑같이 읽기 과제를 내줍니다. 읽기를 하지 않으면 뇌가 움직이지 않습니다. 눈으로 보고 귀로 듣고 입으로 읽어야 그나마 게으른 뇌가 움직입니다.

영어는 더욱더 읽어야 합니다. 지금 영어 읽기를 고민하지 않는 제 아들들도 종종 읽기를 시킵니다. 읽기 능력은 올라갔다가도 연습하지 않으면 다시 내려가게 되어있습니다.

단어 학습을 할 때부터, 즉 엄마의 말을 귀담아듣는 시기에 아무렇지도 않게 습관을 들여주세요. 듣고 따라 하는 것이 기본 세트라는 것을 인식하게 해주세요. 3개월만 연습해도 아이들은 자연스럽게 습관이 잡힙니다. 어른과 달라 아이들은 제대로 된 방법을 진행할 때 놀라울 정도로 습득을 빨리합니다. 말을 어른처럼 조리 있게 하지 못하는 것일 뿐 효과는 아이들도 느낍니다.

파닉스, 리더스에 이어 단어 암기에도 소리 내서 읽는 것이 습관이 된다면 더 긴 문장, 문단, 책들도 충분히 읽게 됩니다. 음독이 훈련된 후에 묵독이 가능해집니다. 내가 발음하고 듣는 문장들이 많아질수록 최후에 묵독하면서도 음독과 같은 뇌의 작용을 바랄 수 있습니다.

4학년이 되면서부터 아이들은 엄마의 조언을 잘 듣지 않습니다. 그 전에 읽기 연습을 시켜주세요. 3학년 가을이 되면서부터 아이들은 그전까지 자기가 쌓아온 지식과 학습 내용을 바탕으로 뇌가 폭발적으로 성장을 합니다. 그러면서 소위 말하는 '고집'도 생기게 됩니다.

아이의 자아를 키워주고 독립성을 키워주는 것은 정말로 중요합니다. 그런데 자아와 독립성은 그냥 생기는 것이 아닙니다. 부모에게 배우고, 책에서 배우고, 영상을 통해 배우고, 직간접 경험으로부터 많은 정보를 얻은 후에 스스로 처리하게 됩니다.

아이의 경험 속에 '읽기' 경험을 반드시 넣어주세요. 나이가 어릴수록 이 경험은 쉽게 아이를 변화시킵니다. 고학년이 되어 아이와 부딪힐 수많은 지점 중에 이것은 들어가지 않는 것이 훨씬 좋습니다. 소리 내서 읽는 경험을 통해 지식을 습득할 수 있도록 해주세요.

읽기가 유창하다면
독해를 시작합니다

읽기가 유창하다는 것은

○ ○ ○

읽지 못하는 글을 해석하기란 불가능합니다. 읽고 나서도 이해 못 한다는 '문해력' 논란이 몇 년째 얘기되고 있습니다. 문해력을 키운다는 것은 제대로 읽을 수 있을 때 가능합니다. 읽고 생각하고 뜻을 조합해야 합니다. 왜 아이들을 탓할까요? 문해력이 무너진 것이 아이들 탓이 아닙니다. 결과물이 잘못되는 이유는 과정이 문제가 있다는 것입니다.

지식을 받아들이는 과정에 책의 활자 대신, 영상이 들어왔습니다. 미디어를 통해 지식도 얻을 수 있지만 순식간에 지나가는 내용은 수없이 반복해서 들어야만 아이들의 것이 됩니다. 책도 마찬가지입니다. 즉, 문해력을 높이기 위해서는 텍스트를 읽는 물리적 시간이 필요합니다. 그래서 아이들이 좋아하지 않지만 그렇더라도 반복적인 독해 공부가 필요합니다.

초등 문해력이 심각하다고 말하는 어른들의 문해력은 괜찮을까요? 누구도 반복하기 싫어하고 귀찮아합니다. 어떤 부모도 자기 자녀가 생각이 없는 어른으로 자라는 것을 원하지 않을 것입니다. 그렇다면 지겹고 귀찮지만, 반복을 통한 학습을 하게 해야 합니다. 읽기가 유창해지려면 방법은 하나입니다. 반복해서 텍스트를 읽어야 합니다.

유창하다는 것은 뜻을 안다는 것이 아닙니다. 결국에는 뜻도 모두 파악하겠지만 독해 학습을 들어가기 위한 유창은 읽기에 거리낌이 없다는 것입니다. 고학년에 영어를 시작하는 친구들은 파닉스와 독해를 동시에 진행하기도 합니다. 1시간의 수업 시간 중 30분은 읽기 연습을 계속하고 30분은 독해를 하게 합니다. 처음에는 어색해하다가도 금세 파닉스의 규칙을 알고 따라옵니다. 규칙을 알면 단어 발음의 패턴을 알 수 있고 읽기가 해결된다면 속도는 자연스레 빨라집니다. 읽기 연습을 게을리하지 마세요. 모든 독해의 기본입니다. 단어를 제대로 읽고 문장을 제대로 읽어야 독해를 할 수 있습니다.

독해 학습의 이유

○ ○ ○

처음 시작하게 되는 독해 교재의 문장들은 아주 짧습니다. 단순한 문장들이 대부분입니다. 쉬운 문장들을 해석하는 것이 우리 아이의 영어에 도움이 될까요? 첫 독해의 단추를 잘 끼우기 위해 쉬운 교재를 사용합니다.

절대적으로 필요한 과정이기 때문에 어렵게 가지 않습니다.

초등, 중등, 고등을 올라가면서 학습 난이도는 높아집니다. 중등까지도 잘 해왔다는 아이들이 고등학교에 가면 무너진다고 합니다. 중등까지 공부한 것이 아니라 '숙제'만 해왔다면 그런 결과를 가져올 수 있습니다.

제가 알려드리는 방법은 수년간 아이들을 만나오고 가르치고 학부모들을 코칭하면서 얻어낸 저의 영업비밀입니다. 읽어보고 별것이 아니라고 생각할 수도 있습니다. 별것 아닌 기본이 전부라는 것 이제는 모두 알고 있습니다. 제대로 실천해 주신다면 아이의 영어 바탕을 다지는 데 큰 도움이 될 것입니다.

❶ 영어와 한글의 구조를 제대로 알자

영어를 내 것으로 만들기 어려운 이유 중 하나는 '어순'입니다. 영어와 한글은 모두 표음문자로 소리를 표현하는 글자라는 공통점은 있지만, 품사의 배치 순서가 다릅니다. 그렇다고 우리가 아이들을 가르치면서 3학년 친구에게 품사를 말하기는 너무 이릅니다. 그 친구는 아직 국어 문법도 모를 시기니까요. 그러므로 쉬운 문장을 완벽한 우리말로 번역을 해보면서 문장 배열의 순서를 연습해보는 것입니다. 외우라고 할 것도 없습니다. 가장 기초 단계의 독해 교재로 3개월에서 6개월 훈련을 하면 저절로 습득하게 됩니다.

아이가 해석한 문장을 같이 보면서 무엇이 다른지 알게 해 주는 것이 방법입니다. 우리말과 영어의 순서가 다른 것을 문화적 차이로 설명해 주세요. 언어마다 규칙이 있기 때문에 나중에 문법도 배워나갈 것이라고 말해주면 됩니다.

직독 직해 방법은 처음 독해를 시작할 때는 추천하지 않습니다. 직독 직해 방법은 우리말의 어순을 무시한 채 영어의 문장 해석만을 위한 방법입니다. 그렇지만 이 방법 또한 중등, 고등을 올라가면 반드시 알아야 되는 방법이기도 합니다. 고등 과정에서 문장 독해의 꽃인 구문 독해를 하려면 배워야 하는 방법입니다.

우리말의 완벽한 어순에 따른 독해를 거치지 않은 체 바로 직독 직해로 넘어가게 되면 아이들은 혼란을 느낍니다. 내가 쓰는 문장이 우리글도 아니고 그렇다고 영어도 아닌 그저 독해만을 위한 도구로 아이들의 머릿속에 남게 됩니다. 영어 문장을 완벽한 한글 문장으로 만들고 그들의 구조가 무엇이 다른지를 이해하게 된 후에 직독 직해의 세계로 진입하시는 것이 훨씬 효율적입니다.

❷ 해석을 손으로 쓰게 하자

바쁘다는 이유로 혹은 하기 싫다는 이유로 손으로 쓰는 것을 하지 않는 학생들이 있습니다. 코칭을 해드리고 주기별로 체크하다 보면 이런 현상들을 종종 발견하게 됩니다. 손으로 쓰지 않게 되면 어떤 문제가 생길까요? 어머님들은 말합니다. 말로 해도 제대로 한다라고요. 하지만 제가 체크를 하면 정반대의 결과가 나옵니다.

손으로 문장을 쓰는 행위는 입으로 읽는 행위와 더불어 뇌를 자극하는 가장 좋은 방법입니다. 영어 문장을 한글 문장으로 바꿔볼 때 입으로 말하게 되면 내가 말한 내용이 금방 휘발됩니다. 그 문장을 똑같이 다시 말하기도 어렵고 영어와 한글 문장이 무엇이 다른지 알 수도 없습니다. 기록된 내용이 있다면 훨씬 더 수월하게 확장 시킬 수 있습니다.

해석을 손으로 써야 하는 또 다른 이유는 '시제' 때문입니다. 이제 독해를 시작하는 친구들에게 시제를 설명하기란 너무나 어려운 일입니다. 보통 독해 교재들은 현재형 시제부터 배우게 하는데요. 아이들이 보는 활자는 대부분 과거형의 시제를 가지고 있습니다. 당연하게도 이야기는 과거의 일들을 정리한 모양새이기 때문입니다.

과거형 동사를 외워보지도 않은 친구들에게 이것을 어떻게 설명하면 좋을까요? 파닉스와 리더스를 거쳐 온 학생들은 기본적으로 눈으로 익힌 어휘들이 많습니다. 동사의 모양은 무엇이 현재이고 과거인지는 모르지만, 어렴풋이 뜻을 알게 됩니다. 해석할 때 아이의 문장을 살펴보면 현재형인 동사를 과거형으로 쓰는 경우가 많습니다. 이때 어려운 말을 가지고 설명하시지 않아도 됩니다. 예를 들어 eat과 ate의 관계를 알려주고 '먹는다'와 '먹었다'의 의미를 알려주면서 자연스레 시간의 감각을 익히게 해주세요.

이런 활동들은 손으로 써야만 수정할 수 있습니다. 틀린 것을 지적하고 고치게 하기 위한 것이 아니라 어디를 모르는지 확실히 알려주려는 방법입니다.

추천의 이유

○ ○ ○

독해 교재의 퀄리티는 상향 평준화가 되어 있다고 말씀드렸습니다. 교재 자체의 스타일은 비슷합니다. 말하자면 구성과 주제 디자인을 보고 아무거나 골라도 될 정도입니다. 여기서 선택에 중요한 역할을 하게 되는 것이 있습니다.

바로 출판사의 수업 자료들입니다. 수업 자료들의 스타일은 조금씩 다릅니다. 알려드리는 사이트들을 찬찬히 둘러보시고 어떤 곳이 어머님과 그리고 우리 아이와 맞을지 체크해야 합니다. 사이트마다 간단한 테스트도 볼 수 있습니다. 범위가 조금 넓긴 하지만 대강의 레벨을 점검할 수 있습니다.

독해 교재를 학습할 때 한 출판사의 교재를 단계별로 진행하기도 하고 출판사끼리 교차시키면서 학습하기도 합니다. 늘 강조하지만 아이들이 기준입니다. 낮은 단계의 책을 잘 해냈다면 굳이 교차 학습을 진행할 필요가 없습니다. 혹은 논픽션에 약한 친구라면 다른 출판사의 같은 레벨의 책을 활용하는 것이 좋습니다.

어휘와 문장을 온라인으로 학습할 수 있는 사이트들을 선정했습니다. 암기하는 방법은 다양합니다. 모든 방법은 장단점이 있기 마련입니다. 온라인 사이트에서 단어 암기를 진행했다면 스펠링을 외웠어도 잊어버리는 경우가 생깁니다. 이때 교사용 자료에서 테스트지를 인쇄해서 다시 한번 점검하는 것으로 채울 수 있습니다.

직접 수업을 진행하기도 했고, 코칭을 통해 추천하기도 했던 사이트들입니다. 활용도가 높고 좋은 자료들을 제공하고 있습니다. 아무리 좋은 자료들이라 하더라도 제대로 활용하지 못하면 아무 소용이 없습니다. 활용법을 잘 숙지하시고 시작하셔야 합니다.

Bricks, Alist, Ne 능률 사이트
○ ○ ○

이 외에도 영어 교재 사이트들은 굉장히 친절하고 활용하기 쉽게 구성해 놓았습니다. 그중에 제가 직접 수업을 진행하고, 코칭할 때 추천할 수 있는 사이트 중 활용도가 높은 곳 세 곳을 소개합니다.

영어 교재로 엄마표 혹은 아이표로 독해를 진행할 때 만들어야 하는 부가적인 것들이 많습니다. 그것을 다 모아둔 자료집이라고 생각하시면 좋습니다. 사실 이 교재를 사용하는 원장님들의 편의를 위해 만들어졌지만 그러기 때문에 집에서도 학원과 마찬가지로 커리큘럼을 진행할 수 있게 되었습니다.

원하는 교재를 찾아서 자료들을 보게 되면 단어 퀴즈부터 독해에 필요한 자료들까지 모두 올라와 있습니다. 우선 아이가 학습해야 할 교재를 골라야 합니다. 사이트들은 기본적으로 교재 미리보기 혹은 전체 보기를 허용해 줍니다. 읽혀보시고 지문 당 어려워하는 단어가 3개 미만인 교재부터 시작해야 합니다. 파닉스만 끝낸 친구라면 당연히 독해의 가장 낮은 단계부터 시작해야 합니다.

교재에 붙은 숫자들은 단어 수를 말합니다. reading 30이라고 한다면 지문 하나에 쓰인 단어가 30개라는 것입니다. 딱 30단어가 아닌 단계별로 30~45개의 단어로 이루어집니다. 즉 reading 30이라는 교재에 1, 2, 3단계가 있다면 단계가 올라갈수록 단어의 수가 조금씩 많아지고 문장이 살짝 더 복잡해집니다.

브릭스 사이트의 가장 큰 장점은 'hi bricks'라고 하는 어휘 학습 사이트를 운영하고 있다는 점입니다. 자기 주도 어휘 학습관에서 내가 학습하고 있는 책을 선택하게 되면 유닛과 관계된 어휘 및 문장 학습을 진행할 수 있습니다.

Alist는 앱의 내용을 온라인에서 활용할 수 있는 Alist Player가 서비스 되고 있습니다. 앱으로 활용하려면 핸드폰이나 패드를 쥐어줘야 하는데 컴퓨터나 노트북으로 가능하다면 어린 친구들이 딴 길로 새는 경우를

막을 수 있습니다. 교재별로 문항 출제도 할 수 있고 중학 수행평가용 자료실도 운영 중입니다.

Ne 능률의 경우 클래스 카드라는 자매 사이트를 통해 어휘 학습을 진행할 수 있습니다. 능률출판사가 우리나라 영어에서 차지하고 있는 자리가 큰 만큼 활용도도 높습니다. 선생님 아이디로 가입하여 아이를 위한 문제를 출제할 수 있기 때문입니다.

아이들이 어릴 때 활용하는 교재뿐 아니라 중·고등학교를 가서도 활용하는 교재들을 만드는 출판사이기 때문에 사이트가 굉장히 편리하게 구성되어 있습니다. 다섯 살 아이도 열다섯 살 중학생도 자기의 것을 활용할 수 있는 곳입니다. 한 번 알아두면 두고두고 활용할 수 있으므로 아이가 어릴 때 알아두면 정말 좋습니다.

독해 자료를 얻을 수 있는 사이트들로 설명했지만 파닉스, 코스북, 독해, 어휘, 문법 모든 분야에 적용이 가능한 곳입니다. 독해를 처음 시작한다면 당연히 둘러봐야 하는 곳들입니다. 만약 아이의 영어를 어떻게 이끌어 줄지 몰라 사교육을 생각 중이라면 꼭 살펴보아야 합니다. 기초를 배우는 것은 학원, 교습소, 공부방에서도 똑같이 진행하기 때문입니다. 정말 엄마가 활용할 수 없어 사교육을 받게 하더라도 그곳에서 어떻게 학습을 진행하는지 알아야 아이를 챙겨줄 수 있습니다. 즉, 사교육을 받거나 집에서 엄마와 학습하거나 모두 알아두어야 할 정보라는 것입니다.

친절한 사이트에서 정보 수집하세요

○ ○ ○

언어로서의 영어, 한국식 영어 결국은 하나라고 말씀드렸습니다. 언어는 활용되는 방법에 따라 다른 모습을 할 뿐 분리된 것이 아닙니다. 이 세 사이트를 비롯한 수많은 영어 교재 사이트들은 고객들의 필요를 채우려고 굉장히 노력합니다. 어디 가서도 이렇게 친절한 사이트들은 찾아볼 수 없어요. 내가 조금만 신경 쓰면 아이의 영어 로드맵을 짜고 진행할 수 있습니다.

학교 다닐 때 영어를 못했다는 핑계는 더 이상 할 수 없습니다. 초등 영어 시작 시기의 아이들의 영어 수준은 엄마인 우리가 모를 수가 없는 수준입니다. 회화가 부족했다고 하면 백번 이해합니다. 우리 세대는 그랬으니까요. 그런 세대가 엄마가 되었으니 영어 사이트들이 친절해지는 것입니다.

출판사의 서비스는 매출 증가를 위해 당연합니다. 하지만 매출이 많아진다고 모든 회사가 고객들에게 친절하지는 않습니다. 교육 분야의 친절한 마케팅을 이용해야 합니다. 정보 수집은 양이 우선입니다. 활용할지 말지는 추후의 문제입니다. 아이의 수준이 아직 모자란 것 같다면 더더욱 미리 확인해 두세요. 엄마의 계획은 늘 한발 빨라야 합니다. 아이의 성장은 언제 올지 모르기 때문입니다.

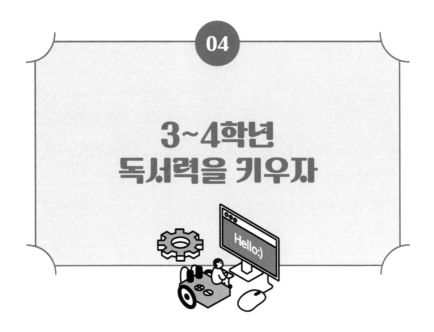

3~4학년 독서력을 키우자

두꺼운 책과 절교하지 말자

○ ○ ○

'두껍다'라는 표현은 아이마다 다르게 받아들이게 됩니다. 1, 2학년 때 책을 읽지 않은 친구들에게는 100페이지 안팎의 책들도 두꺼울 것이고, 독서를 좋아하는 친구들에게는 300페이지의 완역본 책들도 아무렇지 않은 두께가 됩니다. 이런 상황을 만든 것은 결국 엄마와 아이 자신입니다. 두꺼운 책을 읽는다고 대단한 것은 아니지만 그 정도의 흐름을 파악할 수 있게 만들어야 하는 것은 엄마의 의무입니다.

학교에서도 온 책 읽기, 완독하기 등 독서 캠페인을 하고 권장하지만, 취미라는 것은 그렇게 쉽게 만들어지지 않습니다. 한빈이 담임 선생님께서 학교 도서관을 잘 다닌다며 칭찬하셨습니다. 한빈이는 줄글 책을 그다지 좋아하지 않았고 학습만화를 보던 중이었는데 그마저도 안 읽는 친구들이 대부분이라고 했습니다.

한빈이에게 긴 글의 책을 보게 하는 게 맞을까요? 독서는 취미이니 그냥 두는 게 맞을까요? 선생님의 이야기는 4월 초에 상담을 통해 듣게 된 것이고 한빈이는 올해 초부터 영어책도 한글책도 그다지 흥미를 두지 않았습니다. 상반기 내내 '어떻게 저 친구에게 책을 읽게 할까?'라는 것이 제 고민이었습니다.

공부가 쉬워지기 위해 독서를 하는 것이 아닙니다. 새로움을 받아들이는 것을 유연하게 대처할 수 있게 만들어주는 것이 독서입니다. 표지만 봐서는 어떤 내용인지 모를 책을 한 장 넘기는 것만으로 아이는 도전과 모험을 해보는 것입니다.

책을 멀리하려는 6개월 동안 쉽고 재미있는 책으로 바탕을 깔았습니다. 코미디를 좋아하는 한빈이에게 맞춤으로 쉬운 얼리 챕터북을 권하고, 지식 책 또한 취향에 맞춰 챙겨주었습니다. 무엇인가 바라는 독서가 아닌 재미를 위한 독서를 하게 한 결과 쉬운 책을 읽었음에도 아이의 수준이 올랐습니다.

아직 두꺼운 책을 읽지 않는다고 걱정하지 마세요. 책의 두께는 표면적입니다. 활자의 양이 책의 수준과 재미를 결정하지는 않습니다. 다만, 아이가 자라면서 반드시 배워야 할 것들이 있고 이것들을 받아들일 때, 책이 가장 좋은 도구라는 것은 기억하셔야 합니다.

어린이 문고 책은 쳐다도 안 보던 아이가 어느 날 이상한 나라의 앨리스는 완역본으로 읽고 거울 나라의 앨리스를 권했지만 결국 학습만화를 보는 것이 아이의 취향이고 재미입니다.

이제는 걱정하지 않습니다. 아이가 활자를 읽고 이해하는 능력이 키워지고 있는 단계이기 때문에 책의 두께와 내용에 대해 고민하지 않습니다. 한빈이에게는 책이 단짝은 될 수 없어도 절교하는 사이는 안 될 것이라는 것을 알기 때문입니다.

책을 만만하게 덤빌 수 있는 상대로 만들어주어야 합니다. 아이의 체급에 너무 두꺼운 책은 권하지 마세요. 읽더라도 이해 못 하는 경우가 태반입니다. 성빈이가 어릴 때 살짝 높은 수준의 책으로 독서를 이끌어 왔는데, 한빈이는 절대 그렇게 되지 않더라고요. 하지만 두 녀석이 책을 대하는 모습은 다를 것이 없습니다.

엄마가 미리 겁먹고 두꺼운 책과 절교하려고 하지 마세요. 아직 시기가 되지 않았을 뿐입니다. 습관을 들이기까지는 굉장한 노력이 들지만 한 번 붙잡고 나면 결국 내가 찾게 되는 것이 책입니다. 독서력을 키울 수 있는 마지막 학년이 3~4학년입니다. 5학년부터는 실질적으로 학습에 대한 부담이 많이 커지기 때문에 독서 습관을 길러주기가 어렵습니다.

저희 아이들은 독서광이 아닙니다. 독서에 몰입하지도 않고, 몇 시간 동안 책만 읽는 아이들도 아닙니다. 한 번 읽으면서 30분을 넘기지도 않습니다. 그 대신 지식이 필요할 때 책을 찾고, 읽어야 할 책은 끝까지 읽습니다. 책을 읽고 감상을 이야기할 수 있고, 좋아하는 책을 읽고 작가의 다른 작품을 찾기도 합니다. 하루에 30분 이상 독서를 합니다. 아이들이 커갈 때 독서의 위치가 이 정도만 되어도 괜찮습니다. 그러니 포기하지 마세요. 늦은 시기는 없습니다.

개념 어휘는 중등까지도 사용합니다

○ ○ ○

초등학생 지식 도서 중에 인기를 끄는 도서들이 있습니다. 뒤집기 시리즈, 앗 시리즈, 법정 시리즈, 톡톡 시리즈 등등 아이들의 배경지식을 쌓아주려는 책들의 종류는 무궁무진합니다. 초등 저학년 때 이 시리즈들을 많이 읽었다는 아이들이 많습니다. 그럴 때 제가 드리는 질문이 '과연 이해했을까요?'입니다.

아이들의 독서력이 좋아서 읽고 이해하는 친구들도 분명 존재하지만, 물음표가 뜨는 경우가 더 많습니다. 나이에 맞는 책을 읽는 것이 우선입니다. 저도 반성하지만, 우리나라의 독서는 너무 빠르게 달립니다. 앞서서 책을 보는 경주를 하는 것처럼 말입니다.

학년과 수준에 맞는 책을 보여주시는 것이 맞습니다. 지식 책의 경우 가까이는 중학교, 멀게는 성인이 되어서도 쓸 수 있는 개념들을 배우게 해줍니다. 3학년 때 읽는다고 늦지 않습니다. 그리고 지식 책을 읽히기 위해 1, 2학년 때 어떤 독서를 해야 하는지 앞에서 언급했습니다.

성장의 속도는 객관화될 수 없습니다. 단계별로 읽어야 할 지식 책의 목록들이 온라인상에 떠돌지만, 우리 아이 맞춤이 아닙니다. 저희 아들들만 하더라도 둘이 좋아하는 책의 스타일이 너무 다릅니다. 거기다가 성빈이는 재미있는 책이어도 종이 알레르기 때문에 못 보는 경우도 있습니다.

1~2학년 때 지식 책의 바탕을 깔았다면 두께를 조금씩 늘려가세요. 두께가 두꺼워지는 것은 난이도를 말하는 것이 아닙니다. 이야기의 흐름이 길어지는 것을 말합니다. 운동을 처음 하게 되면 처음에는 최소한의 양으로 시작하지만, 적응하면서 운동의 난이도도 시간도 늘어나게 됩니다.

글의 흐름을 따라 이야기를 이해하는 능력이 향상돼야 하므로 중간 단계의 지식 책들은 스토리텔링 기법을 활용합니다. 억지스러운 내용이 있기도 하고 오류도 생기기도 하지만 본격적 지식의 단계에 들어가는 아이들에게는 이보다 수월한 방법은 없다고 봅니다. 배움의 과정이란 수직으로 올라가는 엘리베이터보다 낮은 언덕이 더 효율적이기 때문입니다.

결국 아이들이 자기의 취향과 관심을 찾으려면 다양한 방면의 책을 읽어야만 합니다. 요즘은 시대가 좋아져서 직접 체험의 기회가 많아졌다고 하지만 사색을 즐길 수 있는 독서를 대신할 방법은 없습니다.

중등 과정의 개념들을 책으로 미리 이해하고 있다면 본격적인 학습을 위한 가장 좋은 준비가 될 수 있습니다. 아이들이 지식 책을 싫어한다고 해서 지레 피하지 말아주세요. 출판사는 그 모든 것을 다 감안하고 잘 읽히는 책을 만듭니다. 이 좋은 기회를 놓치지 마시고 반드시 책이 아이들에게 붙게 해 주세요.

선행 개념 책으로 시작하세요

○ ○ ○

학습을 진행하다 보면 의도하지 않게 진도가 빨라지는 경우가 있습니다. 이해력이 좋아서, 혹은 1학기의 개념이 아이에게 쉽게 다가와서 속도가 나는 경우가 있습니다.

이때, 학원의 과제량 때문에 진도가 빨라진 경우는 제외합니다. 학원의 방법을 탓하는 것이 아니라 과제에 몰입하는 시간이 많으면 절대적으로 독서의 시간이 부족해지기 때문이라는 것을 말씀드립니다.

성빈이의 경우 수학이 4학년 때부터 속도가 붙었습니다. 동네 교습소를 다니는데요. 선생님은 학습에 대한 에너지 분배를 굉장히 중요하게 생각하는 분입니다. 초등학교 때 에너지를 너무 쏟으면 고등학교까지 갈 힘이 없다는 것이지요. 선생님의 교육관이 마음에 들어 2년째 다니고 있는 중입니다.

이 상황에서 저는 책을 챙겼습니다. 영어로도 한글로도 수학책은 언제든 좋아했기 때문입니다. 배울 내용에 대해 미리 책을 읽게 했습니다. 학교 수업을 듣기 전에도 개념 독서를 하게 했습니다. 처음에는 저의 의도였지만 시간이 흐를수록 스스로 배울 부분에 대한 독서를 하게 되었습니다. 개념에 대한 이해를 책으로 하고 나면 학교나 학원에서 수업을 들을 때 자신감이 더 생긴다고 했습니다. 현행을 무시하는 선행이 아니라 한 발짝 앞선 선행은 독서의 질을 확장할 수 있는 아주 좋은 방법이 됩니다.

현행을 진행할 때도 가능한 방법입니다. 저희 아들 둘은 사회 과목을 정말 싫어합니다. 역사도 아직 거의 관심이 없습니다. 이제 제가 무엇을 할지 아시겠지요? 개념 풀이가 잘 된 사회 지식 책, 아이들이 관심을 가질 만한 사회 학습만화를 찾아 도서관에 가고 인터넷을 검색할 것입니다.

독서는 징검다리입니다. 물의 깊이와 물살의 세기가 두려워 건너지 못할 때 징검다리를 보면 용기가 불끈 나게 됩니다. 그렇게 한 발 걸을 수 있는 용기를 줍니다. 아이들이 건널 징검다리는 부모님이 놓아주는 것이 맞습니다. 아이마다 원하는 징검다리가 다르기 때문입니다.

선행, 현행 모두 아이의 시야를 넓혀주어야 가능합니다. 학교에서 배울 내용이 그날 처음 보는 내용이 되지 않게 해주세요. 그리고 그 과정을 문제집으로만 채우지 마세요. 문장과 문단이 있는 줄글 책으로 채워주세요.

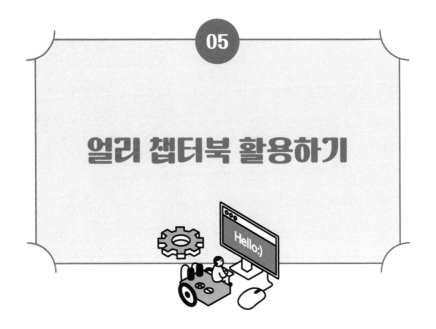

05

얼리 챕터북 활용하기

한글책보다 단계를 낮춰 시작하세요

○ ○ ○

초등 입학하면서 영어를 시작했을 때 고민이 하나 늘어납니다. 바로 '원서' 읽기입니다. 엄마표로 진행했거나, 영유나 어학원을 거쳐 온 친구들은 필수로 원서를 읽게 됩니다. 원서의 효율성이나 효용성을 따져봤을 때도 고민은 더 커집니다.

1, 2학년에 걸쳐 영어의 바탕을 깔아온 아이들의 경우 원서 읽기가 불가능한 일이 아닙니다. 따져보면 3학년이라는 시기가 원서를 읽기에 늦은 나이가 아닙니다. 미국 친구들도 정규 교육과정에서 파닉스를 배우고 읽기를 시작하는 나이가 k부터 gr2사이입니다.

정말 다행인 것은 영미권 아이들 역시 읽기 연습을 많이 하므로 징검다리 책들의 수없이 많다는 것입니다. 아이들이 쉽게 접근하고 다가갈 수 있는 책의 규모는 우리나라 책의 규모와 비교할 수 없을 정도로 다양하고 세분되어 있습니다.

즉, 2년여 동안 듣기와 읽기 연습을 하고 영어가 다가온 친구라면 도전 못 할 이유가 없습니다. 우리 아이가 과연 읽을까 하는 걱정은 하지 마세요. 재미있는 책은 언제나 아이들을 끌어당깁니다.

책을 고를 때 주의해야 할 점은 만만할 정도로 쉬워야 한다는 것입니다. 그림체가 마음에 들어 집었지만, 내용이 어려우면 읽을 수가 없으니까요. 리더스 읽기 연습으로 충분하게 읽기가 채워졌음에도 불구하고 이야기가 있는 책을 이해하는 것은 또 다른 문제입니다.

그러므로 한글책의 수준도 중요합니다. 모국어로 된 줄글 책을 이해 못 하는 친구는 영어책도 못 읽습니다. 이 당연한 논리를 알면서도 영어책을 한글책보다 어렵게 읽히려는 어머님들이 많습니다.

원서 읽기 초기의 책들은 단어를 찾지 않아도 될 만큼의 책이면 좋습니다. 모든 단어를 알아야 한다는 것이 아니라 한 페이지에 모르는 단어가 3개 이하여야 합니다. 더불어 단어의 의미를 문장의 앞과 뒤를 살펴보았을 때 어렴풋이 알 수 있을 정도여야 합니다.

아이들이 원서를 읽다가 모르는 단어가 나와서 질문을 하면 저는 문장의 앞과 뒤를 살펴보라고 했습니다. 그래도 안 되면 그때 사전을 찾아보라고 했습니다. 그런 단어가 너무 많으면 아직 수준이 안 되는 책이니 나중에 보자고 했습니다.

낯선 상황을 즐기는 친구도 있지만 보통의 아이들은 멈칫합니다. 영어만으로 되어 있는 책을 보여주려면 최소한 한글책에 대한 흥미가 있어야 합니다. 책이라는 것을 봤어야 영어도 도전할 테니까요. 한글책을 읽어 온 친구들은 나에게 맞는 책이 있다는 것을 알게 됩니다. 책이 더 이상 두렵지 않게 됩니다. 그래야 영어책도 보게 됩니다.

언어는 바다에 들어가는 것과 같습니다. 준비운동을 하고 발부터 천천히 적시고 살금살금 들어가면서 재미를 느낍니다. 발로 참방거린 후에 손으로 물을 튀기고 놀 때까지 아이들은 물속에 털썩 주저앉지 않습니다. 바다의 분위기가 잔잔하고 편안할 때 그제야 마음을 놓고 물놀이합니다.

영어 원서가 무서운 존재가 아니라는 것을 알려주세요. 아이들이 읽기 싫어하는 이유는 두 가지입니다. 재미가 없거나 어려울 때 회피하게 됩니다. 이 두 가지만 잘 조절한다면 흥미로운 읽기 세계에 발을 들일 수 있습니다.

브랜치 시리즈를 추천합니다

○ ○ ○

Scholastic Corporation, 스콜라스틱은 미국 뉴욕에 있는 대형 출판사입니다. 1925년 설립된 역사가 깊은 교육 전문 출판사입니다. 어린이 영어를 이야기할 때 절대 빠지지 않는 곳입니다.

이 출판사의 책 시리즈 중 BRANCHES 시리즈를 추천합니다. 책등과 책 앞표지 귀퉁이에 나뭇가지 그림과 함께 브랜치 시리즈라는 표시가 붙어 있습니다. 말 그대로 나뭇가지 시리즈입니다. 이 시리즈의 역할은 징검다리입니다. 리더스와 동화책들을 즐겨 읽던 어린이들이 장으로 나뉘어져 있는 챕터북을 읽기 시작할 때 활용할 수 있는 책입니다.

브랜치 시리즈는 문학성을 특별히 띠고 있지 않습니다. 감동을 요구하지도 않고 깊은 생각을 하지도 않습니다. 밝고 경쾌합니다. 아이들이 아무 걱정 없이 읽을 수 있는 유쾌한 유머가 들어있습니다. 해로운 요소라고는 하나도 없습니다.

그렇다고 해도 보통 2점대에서 시작해서 3점 중반대도 가기 때문에 읽기 연습을 충분히 한 친구들이 도전해야 합니다. 그림이 귀엽다고 쉽지만은 않습니다. 그 대신 아이의 레벨보다 한 단계 높은 책을 부담 없이 접근할 수 있다는 것도 매력입니다.

도서관에 대부분 비치되어 있다는 것도 장점입니다. 리더스를 비롯해 얼리 챕터북들은 평생 소장한다기보다는 일시적으로 많은 양을 읽어야 하는 책입니다. 한 시기를 채우고 나서는 활용할 일이 거의 없습니다. 그런 의미로 도서관에 많이 비치되어 있습니다.

한빈이가 올해 초 영어책을 안 읽으려고 할 때 저 역시 브랜치 시리즈를 보여줬습니다. 리딩 레벨로는 한참 아래였지만 다시 책에 대한 흥미를

https://www.scholastic.com/site/branches.html#levels

붙일 때 이만한 도구가 없다는 것을 알기 때문에 읽게 해주었고 너무나 당연히 잘 읽었습니다.

책을 읽기 싫어할 때, 새로운 재미를 원할 때 브랜치 시리즈를 추천합니다. 보통의 갱지 챕터북과 달리 컬러풀한 삽화가 가득 들어있고 책 내용 또한 웃음이 끊이지 않는 내용입니다.

사이트를 들어가면 시리즈가 단계별, 주제별로 구분되어 있고, 여러 권으로 되어 있는 책들의 워드 카운트까지 표로 정리되어 있습니다. 친절한 사이트를 활용해서 아이가 원서 읽기를 시작할 수 있게 도와주세요.

재미있으면 원서를 읽습니다

○ ○ ○

언어에 접근하는 방법은 세 가지에 달려있습니다. 바로 흥미, 재미, 취미입니다. 아이들은 솔직합니다. 흥미가 있는 분야에는 몰두하고 빠져듭니다. 그것이 집중력의 시작입니다. 집중력은 보통 한 가지 대상이나 일, 과제에 몰두하는 것을 말합니다. 흥미 있는 분야를 찾아 집중을 해본 아이는 관심 분야를 확장할 수 있습니다.

흥미로운 분야의 재미있는 책을 읽는 것은 완벽한 콤비가 됩니다. 흥미 있는 분야의 책들이 모두 재미있을 수는 없습니다. 재미를 하나씩 찾아가다 보면 결국 취미가 됩니다. 독서는 그렇게 아이들에게 취미가 되고 언어에 접근하는 길을 열어줍니다.

시도하는 것을 두려워하지 마세요. 오늘 본 책을 좋아하지 않으면 다른 책을 보면 됩니다. 이 단계를 여러 번 반복하게 되면 처음보다 훨씬 수월하게 책을 읽고 즐기게 됩니다.

한빈이가 최근에 읽고 있는 책이 재미있지만, 살짝 어렵다고 합니다. 그럴 때는 분량을 나누어 읽고 내용을 곱씹으면서 읽으면 됩니다. '재미'가 들어간 책은 완독할 수 있습니다. 다음 이야기가 궁금하기 때문입니다. 아이도 모르게 도전하게 되는 것입니다.

초등학교 입학한 후 영어를 시작했다고 해서 단어만 외우고 문법만 배우는 것은 절대 안 됩니다. 오히려 책을 놓지 말아야 한다고 생각합니다. 추천한 브랜치 시리즈도 좋고 다른 출판사의 얼리 챕터북도 좋습니다. 도서관도 구매도 여의찮다면 이북 서비스를 이용해도 좋습니다.

방법은 어디에나 있습니다. 아이가 원서를 읽을 기회를 꼭 마련해주세요. 해보고 안 되는 것과 해보지도 않은 것은 차이가 큽니다. 우리 아이의 흥미를 찾아 재미를 만들고 그것으로 취미가 되게 해주세요.

고학년이 되면 입을 닫는 이유

○ ○ ○

우리나라 영어 교육은 '기형적'이라는 말을 듣습니다. 외국어를 배우는 것이 필수인 시대임에도 불구하고 영어의 격차는 하늘과 땅이라고 할 만큼 큽니다. 공립학교 정규교육 과정을 충실하게 따라가도 회화조차 안 되는 것이 현실입니다. 학교가 아닌 학원이 아이들의 영어를 책임지겠다고 소리치는 것이 현재 상황입니다.

어른들에게는 상황일 뿐이지만 아이들에게는 현실입니다. 교실에서 배우는 과목 중 영어는 가장 틈이 큰 과목입니다. 발음에 집착하는 사회의 모습, 영어 시간에 입 한 번 떼기 힘든 분위기가 아이들이 직면하는 현실입니다.

실패가 과정이 아닌 판단으로 변질되는 상황에서 어색한 영어 발음 한 번에 아이는 놀림감이 되기도 합니다. 자유롭지 못한 환경에서 영어 말하기는 더 이상 자랄 수가 없습니다. 3학년 때 알파벳 송으로 시작하는 영어가 5, 6학년이 되면서 중학교 영어 교과서처럼 딱딱해집니다.

더불어 5, 6학년 아이들은 자신의 약점을 드러내는 것을 피하기 시작합니다. 남이 보는 나를 의식하는 시기가 찾아오면서 더욱 입을 닫게 됩니다. 부족한 모습을 드러내기 싫어하는 것은 당연합니다.

이런 상태로 중·고등학교를 보내게 되면 스무 살이 넘어 다시 처음부터 시작하게 됩니다. 마음 편히 그렇게 진행해도 괜찮지만, 학업의 성취도라는 것이 그렇게 쉽게 아이들을 놓아주지 않습니다.

아이들이 움츠러들기 전에 연습을 통해 용기를 얻을 수 있습니다. 5학년이 되기 전까지는 누구나 가능합니다. 영어를 시작한 시기와는 다른 문제입니다. 나의 발음에 대한 잣대를 대지 않는 시기에 연습해야 합니다. 영어 회화 수업을 듣자는 것이 아닌 읽기 연습을 하자는 말입니다.

연습의 끝에 자유가 있습니다. 연습할 때 자신을 탓하지 않을 수 있는 시기는 초등학교 저학년 시기입니다. 보통 4학년부터는 꼭 필요한 활동임에도 불구하고 시작하는 것을 꺼립니다. 엄마의 말을 안 듣는 시기가 오는 것이죠. 저학년 때 생활 습관을 잡아줘야 하는 것처럼 영어 읽기 습관도 들여 주세요.

3학년 친구들을 상담할 때 어머님들께 드리는 말씀이 있습니다.

"올해 가기 전에 영어 읽기 훈련 꼭 습관 들여 주세요. 4학년부터는 말 듣지 않습니다."

이 말을 그냥 흘려듣고 후회하는 어머님들이 많습니다. 읽기가 유창해지는 것은 연습을 통해 가능하고 습관은 어릴수록 잡아주기가 좋습니다. 아이들을 혹독하게 훈련하라는 말이 절대 아닙니다.

고학년이 되면 잘못들인 습관을 잡아주기 힘든 것처럼 영어도 마찬가지입니다. 우리말 말투도 마찬가지고요. 조금이라도 부드러울 때 입을 닫기 전에 골든타임을 놓치지 않아야 합니다.

중학생들이 뜻은 알고 읽지 못하는 이유

○○○

학생 상담을 진행할 때 지문 읽기를 꼭 시켜봅니다. 문장을 읽고 해석하는 모양새만 보아도 아이가 영어를 어떻게 생각하는지, 영어에 대한 감정은 어떤지, 실력은 어느 정도인지 파악할 수 있습니다.

중2 친구 상담을 하면서 읽기를 하는데 자꾸 단어들을 얼버무리고 지나갑니다. 그 친구뿐 아니라 중등 친구들의 비슷한 모습을 자꾸 보게 되었습니다. 단어의 뜻까지 모를 경우는 뜻을 알려주면서 학습할 때 모르는 단어를 꼭 점검하라고 하면 됩니다.

그런데 발음을 못 하면서 뜻은 아는 경우들을 만나게 되는 경우가 많습니다. 분명 외울 때 봤던 글자이니 눈에는 익고 뜻은 아는데 읽을 줄을 모릅니다. 단어를 소리 내서 읽지 않았기 때문입니다. 학교에서 단어를 소리 내서 말할 기회도 많이 없고 수행평가도 단어 뜻을 쓰거나 스펠링을 쓰는 것이 대부분입니다. 말하기 시험은 한 학기에 많아야 한두 번입니다.

그렇다 보니 필요한 쪽으로만 학습하게 됩니다. 새로운 단어를 만나게 되었을 때 소리를 알고 싶어 하는 것이 지극히 당연하다고 생각하지만 그렇지 않은 학생들이 훨씬 많은 실정입니다. 이런 상황이 학생들 탓이라고 생각하지 않습니다. 지금 이 책을 읽는 어머님 세대부터 혹은 훨씬 더 이전부터 있었던 문제일 뿐입니다.

읽기는 절대 자연스럽게 늘지 않습니다. 한글조차 연습해야 잘 읽게 됩니다. 그리고 읽기 연습은 멈추는 순간 퇴화하게 됩니다. 아이들의 읽기가 녹슬지 않게 지도해 주세요.

고학년이 되면 연습할 시간이 없습니다

○ ○ ○

3, 4학년과 5, 6학년은 정말 다릅니다. 5학년 수학은 중등 수학과 직접 연결되어 있어 5-1 수학이 가장 어렵다고 소문이 나 있습니다. 고학년이 되면 실질적으로 영어 문법도 진입해야 합니다. 독해의 수준도 올라갑니다. 국어의 지문 또한 복잡해지고 사회, 과학에서 필요한 배경지식의 양도 많아집니다.

저학년 때는 여유롭게 학습을 진행하는 것이 맞습니다. 하지만 학습의 바탕은 깔아주어야 고학년 때 아이가 힘들지 않습니다. 학습으로 채우는 것이 아니라 독서로 배경지식을 채워주어야 합니다.

5학년 때 영어 시작하는 친구들도 분명히 있습니다. 시작하고 학습할 수는 있지만 영어 기초 다지기 시작하기엔 다른 과목들까지 부담이 정말 큽니다.

차근차근 진행해서 4학년까지 큰 틀을 만들어 주세요. 무엇을 해도 시간이 충분할 때 경험하고 즐기고 좌절도 하게 만들어 주세요. 본격적인 학습에 진입해야 하는 시기에 습관을 잡으려고 바둥거리지 않게 준비 운동을 시킨다고 생각해 주세요.

영어는 언어이기 때문에 언제 시작해도 된다고 말씀드렸습니다. 그러고는 적기가 있다고 말합니다. 제가 말씀드리는 적기는 아이가 부담 없이 받아들일 수 있는 편안한 시기를 말합니다. 엄마와 아이의 관계가 좋은 시기, 공부의 목적이 엄마여도 괜찮은 시기입니다. 아이들은 커가면서 독립적인 개체가 될 수밖에 없습니다. 독립하기 전 애착 단계가 아이의 습관을 잡아줄 수 있는 골든타임입니다.

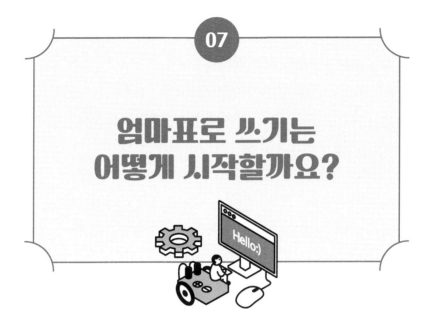

엄마표로 쓰기는 어떻게 시작할까요?

쓰기 연습의 시작

○ ○ ○

기본적인 독해 교재를 학습하다 보면 본 책과 워크북에서 간단하게 쓰기를 할 수 있습니다. 여기서 말하는 쓰기는 긴 글을 쓰는 것을 말하는 것은 절대 아닙니다. 단어 혹은 본문에 나오는 문장을 말 그대로 써보는 연습입니다. 쓴다는 것은 내가 쓰는 단어에 대한 확신이 있을 때 가능합니다. 알파벳 정도는 그린다고 표현할 수도 있지만 그 형체가 눈에 완전히 익으면 쓸 수 있게 됩니다.

알파벳과 단어를 쓰려고 할 때 먼저 한글 쓰기를 점검해야 합니다. 받아쓰기를 잘하고, 띄어쓰기도 신경을 쓸 줄 알아야 합니다. 맞춤법이 완벽하진 않지만, 모른다면 물어보기도 하고 틀렸다고 하면 고치려고도 해야 합니다. 한글 쓰기의 실력이라는 것은 두세 장 넘는 글을 쓰는 실력을 말하는 것이 아닙니다. 필체, 띄어쓰기, 맞춤법에 신경을 쓰고 있다는 것은 글의 내용이 아니라 모양새에 신경을 쓰는 것입니다. 모양새를 갖춘 쓰기를 시작할 때가 된 것입니다.

생각을 표현하는 방법이 말하기뿐 아니라 쓰기도 있다는 사실을 인지하면서부터 아이들이 모양새에 신경을 씁니다. 글이 나를 나타낸다는 것을 알려주세요. 필체가 악필인 친구들의 손을 교정해 주기 전에 글씨에 대한 마음가짐이 어떤지 확인해 주세요.

보통 남자아이들 어머님이 가장 힘들어하시는 것이 쓰기 연습입니다. 그런데 고민을 듣다 보면 아직 준비가 안 된 친구들이 많습니다. 아이들의 속도는 학년마다 정해진 것이 아닌데 모두 앞서나가는 것 같은 생각에 늦었다는 걱정이 드는 것입니다. 저도 성빈이 입학할 때 손아귀 힘이 없어서 걱정이 컸습니다. 정말 쓸데없는 걱정이었지요. 둘째 한빈이는 연필을 잘 잡아 놀랐었고요.

글쓰기가 익숙해지는 것은 아이마다 다릅니다. 무작정 손 놓고 기다리라는 것이 아닙니다. 1~2학년 때 한글 쓰기를 자리 잡은 후에 영어도 시작하게 해 주세요. 학교에서 배우는 내용은 정규교육 과정입니다. 평균적인 국민의 수준을 만들기 위한 보통의 교육입니다. 즉, 학교에서 하는 내용은 모두 숙지해야 한다는 것입니다. 특히 쓰기는 읽기보다도 더 신경을 써야 합니다. 겉으로 드러나는 시기가 읽기보다 한참 뒤이기 때문에 그때가 되고 나서 후회하게 됩니다.

언어의 꽃은 쓰기입니다. 듣고, 읽고, 말하고 모든 것을 소화하고 나서야 주제에 대한 글을 쓸 수 있습니다. 언어 습득 과정을 지나오다 보면 쓰기 영역은 필요 없는 듯 숨어 있는 경우가 많습니다. 모든 과정을 통과하면서 연습할 수 있게 해야 합니다. 결국 종착점에서는 쓰기로 실력을 판가름하게 됩니다.

쓰기 연습에 필요한 것들

○ ○ ○

쓰기 연습에 필요한 특별한 준비물은 없습니다. 도대체 뭘 써야 하냐고 교재를 찾는 어머님들이 있습니다. 교재는 아직 이릅니다. 교재를 활용하지 않고 편안하고 쉽게 접근해야 합니다.

❶ 워크시트 활용하기

구글 검색창에 'alphabet worksheet','word worksheet'를 검색합니다. 원하는 주제 뒤에 worksheet를 쓰고 검색하면 수많은 자료가 나타납니다. 한글을 잘 쓴다고 하더라도 한글보다 곡선이 더 많은 알파벳을 제대로 쓰기란 어렵습니다. 연습이 필요합니다. 워크시트 중에 아이가 좋아할 만한 것 어떤 것도 좋습니다.

워크시트를 고를 때 하나만 주의하세요. 첫 쓰기를 연습 중이라면 4선 노트로 연습할 수 있게 된 워크시트를 선택하세요. 한글과 영어의 또 다른 점이 바로 여기에 있습니다. 한글은 정사각형 안에 글자들이 차곡차곡 한 자리씩 차지하는 형태입니다. 그러므로 1, 2학년 때 10칸이나 8칸 노트를 씁니다. 영어의 경우 대문자, 소문자의 크기가 다르고 단어마다 차지하고 있는 위치가 제각각 다릅니다. 처음 연습할 때 4선 노트에 맞춰 쓰는 연습을 해야만 글씨 자리를 잘 잡을 수 있습니다.

❷ 잘 읽는 리더스 활용하기

리더스 중에 아이가 잘 읽는 책을 활용하시면 효과가 더 좋습니다. 못 읽는 책, 더듬거리는 책은 활용하지 마세요. 리더스는 한 장에 그림과 더불어 많아야 세 줄의 글이 들어있습니다. 리더스 연습 초기에 사용했던 한 줄짜리 리더스부터 쓰기를 시작합니다.

알파벳이 익숙해졌다면 문장 쓰기를 알아서 도전하고 싶어 하는 친구가 있지만, 아직도 귀찮아하는 친구들이 있을 것입니다. 그때 하루 한 문장만 따라 쓰게 해 주세요. 리더스의 문장들은 문법적으로 완벽한 문장입니다. 유치해 보이지만 가장 기본적인 문장의 틀을 보여줍니다. 패턴을 이루기 때문에 매일 쓰면서 문장의 구조를 자연스럽게 익히게 됩니다. 그림을 보면서 문장을 쓸 때 내용 유추에도 도움이 됩니다.

리더스의 문장을 쓰다 보면 사이트 워드들도 자연스럽게 습득하게 됩니다. 쓰기 연습은 절대 무리하면 안 됩니다. 처음엔 하루에 한 문장만 쓰게 해 주세요. 양은 아이들에 따라 다르게 늘려주시면 됩니다.

❸ 독해 교재 활용하기

첫 독해 교재의 문장들은 굉장히 쉽습니다. 본 책과 워크북을 다 하고도 아쉬울 때가 있습니다. 이때 지문 쓰기를 추천합니다. 리더스도 썼던 친구라면 기초 독해 교재의 문장이 부담스럽지 않습니다. 소단원 하나의 문장을 한 번에 쓰게 해 주세요. 사실 외우면 가장 좋습니다. 전문적인 작가들도 필력을 키우기 위해 필사를 합니다. 가벼운 필사라고 생각하고 진행하시면 됩니다. 역시나 아이가 부담스러워한다면 소단원의 내용을 나눠서라도 쓰게 하시면 됩니다.

위의 기초적인 방법들을 활용할 때 반드시 4선 노트에 쓸 수 있게 해 주세요. 이젠 없어도 되겠다는 생각이 들어도 계속 쓰는 것을 추천합니다. 연습은 할수록 느는 법입니다. 알파벳으로 시작해서 문장까지 쓰게 되었다면 이제는 다음 단계의 도전을 해 볼 때가 되었습니다.

쓰기 교재 추천 및 활용법
○ ○ ○

3, 4학년 수준의 쓰기 교재는 어렵지 않습니다. 확인하는 엄마가 어려울 뿐입니다. 문법이 맞고 틀리는 것을 걱정하고 고민하기 때문입니다. 한글 글쓰기의 확장을 생각해 보면 이 또한 기우입니다. 아이들이 일기나 독후감을 썼을 때 문법적인 오류를 찾아내서 모두 빨간색으로 고쳐놓지 않습니다. 글을 썼는데 잘못했다는 생각이 들게 하면 안 됩니다.

글을 쓰려면 아이의 마음이 열려야 합니다. 글을 쓴다는 것은 나를 드러내는 일입니다. 자기소개를 했는데 여기가 틀리고 저기는 문장이 어색하고를 지적받는다면 아무도 글을 쓰지 않을 것입니다. 아이의 글을 보고 지적하지 마시고 부드럽게 표현해 주셔야 합니다.

아이의 마음이 가장 잘 열리는 대상은 아직 엄마입니다. 엄마와 이야기하는 것부터 아이들은 행복합니다. 엄마만 위치를 잘 잡으면 글쓰기 도전이 가능합니다.

언어의 꽃이 쓰기라고 말씀드렸습니다. 즉 알파벳, 단어, 문장 연습은 어렵지 않게 접근할 수 있지만 쓰기 교재는 다릅니다. 문장을 읽고 이해하는 수준이 되어야 시도할 수 있습니다. 그러므로 독해까지 진행한 후 쓰기 교재를 시작해야합니다.

능률 출판사 「Write it 1」, 이퓨쳐 출판사 「My First Writing 1」

영어 전문 출판사의 쓰기 교재 중 시작 교재에 속합니다. 처음 글 쓰는 친구들에게 친숙한 주제인 나 자신, 친구, 간식, 반려동물 등등의 주제로 글쓰기를 배웁니다. 글쓰기 모델을 활용해 내용을 파악하고 내 이야기를 써본 후 문장으로 만드는 연습까지 진행합니다. 지문이 어렵지는 않지만 수월하게 읽고 이해해야 진행할 수 있습니다. 쓰기 교재에서 독해하고 있으면 쓸 수 없습니다. 모든 교재는 최적화된 활용법이 있다는 것 잊지 마세요.

쓰기 교재를 검색해 보면 단어, 문장부터 알려주는 교재부터 직접 작문하게 하는 교재까지 다양합니다. 분명한 것은 단순히 책 한 권을 끝냈다고 실력이 자라는 것은 아니라는 것입니다. 단계별로 밟아가면서 아이와 맞는 교재를 진행하는 것이 가장 좋습니다.

쓰는 것을 좋아하는 친구라면 기초 단계의 쓰기 교재를 모두 진행해도 좋습니다. 남자아이들이나 쓰는 것을 힘겨워하는 친구들이라면 너무 무리하지 마시고 앞서 알려드린 방법으로 실행해 보시는 것을 추천합니다.

아이들의 쓰기는 인풋이 있을 때 가능합니다. 즉, 이번 챕터에서 알려드린 '쓰기'는 연습이라는 것 잊지 마세요. 인풋이 쌓이는 동안 연습이 된다면 진짜 쓰기가 필요할 때 힘들지 않게 도전할 수 있습니다.

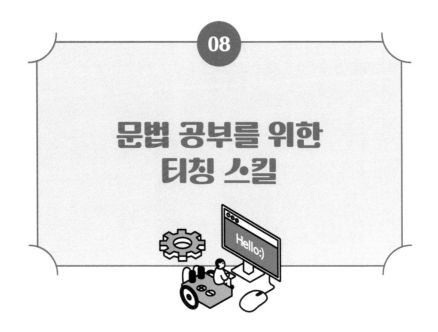

문법 공부를 위한 티칭 스킬

독해를 통해 문법 만나기

○ ○ ○

3, 4학년 친구들이 첫 독해를 하게 될 때 어머님들께 문법 이야기를 해주라고 말합니다. 대부분의 반응이 너무 이른 것이 아니냐고 걱정합니다. 본격적으로 문법을 가르치라는 말이 아닙니다. 언어 공부라고 하는 것은 각 분야를 따로 떼어서 생각할 수 없습니다. 분리라는 것이 가능한 영역도 아닙니다. 즉, 중점적으로 학습하고 있는 분야에 다른 분야를 얹어 놓고 연결을 시키는 작업을 해야 합니다.

듣기와 읽기, 읽기와 말하기, 말하기와 쓰기는 당연히 연결된다고 생각하면서 문법은 다른 영역이라고 오해를 합니다. 우리 아이들이 배울 문법이 흔히 말하는 '한국식' 문법이기 때문입니다.

앞에서도 이야기했지만, 한국식 문법이 도대체 무엇인가요? 중고등학교의 내신 점수를 얻기 위해 하는 지루한 문장 분석일 뿐일까요? 그렇지 않다고 생각합니다. 독해 능력은 언어 실력을 키우기 위해 꼭 필요한 능력입니다. 독해 능력을 키우는 데 필요한 문법을 단지 시험용이라고 치부할 수 없습니다. 그리고 시험용이니 당연히 잘해야 합니다.

공교육이 문제라고 하지만 대안 교육을 제시하지 않는 한 그 안에서 빛을 찾아야 합니다. 문제가 된다고 말을 하지만 문제 속에서 길을 찾을 수 있도록 하는 것이 부모의 역할입니다.

리더스와 독해 교재를 통해 문장이 익숙해졌다면 그 안의 구조도 알 수 있습니다. 분석하고 학습하는 것이 아니라 이해할 수 있다는 말입니다. 이해했을 때 아이들은 뿌듯함을 느낍니다. 코칭을 하면서 문장을 유창하게 읽고 뜻을 파악하는 친구들에겐 문법적인 이야기를 해주고 있습니다. 거창하고 어려운 것이 아니라 내가 알고 있는 그것에 대해 이야기해 줄 때 아이들의 성취감은 높아집니다.

I see a lion.

"지금 사자를 몇 마리 보는 것 같아?"
"사자가 여러 마리일 때 a는 어떻게 되지?"
"놀이터에 see saw 알지? 이건 무슨 뜻일까?"
"사자가 여러 마리가 되면 lion은 어떻게 될까?"

짧은 문장 하나에도 여러 가지의 질문을 엄마가 해줄 수 있습니다. 아이 중에는 먼저 명사나 동사의 모양이 달라지는 것을 간파하고 질문을 하기도 합니다. 그렇지만 보통은 엄마의 질문을 듣고 다시 한번 생각하게 됩니다. 모든 질문을 한 번에 다 하라는 말이 아닙니다. 이 문장이 들어간 지문은 80%의 문장들이 I see~~~ 패턴으로 되어 있습니다. 문장마다 다른 질문을 해보세요. 아이에게서 대답이 나온다면 칭찬해 주시고 나오지 않는다면 설명해 주시고 넘어가면 됩니다. 이때 절대 암기를 시키거나 잘못했다고 느끼게 하면 안 됩니다. 기초 단계의 독해 교재는 현재형 표현부터 배우게 됩니다.

국어 교과서에서도 문법을 가르칩니다. 그렇다고 딱딱한 문법 용어를 바로 보여주지 않습니다. 영어 문법 또한 마찬가지라고 생각하시면 됩니다. 미국 교과서에서도 gr3부터 문법적인 용어들이 등장합니다. 이 또한 친절하고 재미있는 설명을 곁들입니다. 문법이라고 하는 것은 문장을 만들고 글을 쓰는데 반드시 지켜야 하는 규칙입니다. 규칙을 모르면 알려주면 됩니다. 모른다고 주눅 들거나 의기소침해질 영역이 아닙니다.

아이의 읽기가 편해지고 해석이 부드러워지고 있다면 문법 용어들도 조금씩 알려주세요. 아이에게 편한 교재를 활용하는 것이 효율성이 높습니다. 문법 교재를 꺼내고 학습을 시작한다면 하기도 전에 얼어버릴지도 모릅니다.

한글과 영어의 문장구조 구분하기

○ ○ ○

I love you.

나는 당신을 사랑합니다.

한글과 영어의 차이점을 나타낼 때 가장 많이 쓰이는 문장입니다. 두 말의 어순이 다른 것을 한눈에 보여줍니다. 이때 문장 구조가 달라서 영어는 어렵다는 결론에 도달하면 안 됩니다. 영어는 어려운 것이 아니라 단지 다른 구조에 익숙해지면 된다는 결론에 닿아야 합니다.

독해 공부를 할 때 한글 해석을 손으로 꼭 하게 하는 이유가 여기 있습니다. 직독 직해 영역으로 넘어가기 전에 완전한 문장을 만드는 훈련을 해야 합니다. 독해의 시작 시기에는 문장 만들기를 진행하기만 해도 됩니다. 꾸준히 진행하면서 단계가 두세 단계 올라가게 되면 문장 구조에 관해 이야기를 할 수 있게 됩니다.

주어, 동사, 목적어라는 용어를 5학년 때부터는 알려줄 수 있습니다. 국어 교과서에서도 5학년 때 품사와 문장성분을 가르칩니다. 낯설고 어려운 단어들이 절대 아닙니다. 3학년 독해 시작하는 친구들에게 말하는 것은 과하지만 4학년 중후반부터는 괜찮습니다.

나이도 중요하지만, 독해의 수준도 중요합니다. 한글 문장으로 만드는 연습을 충분히 한 후 문법 용어가 들어갈 수 있습니다.

한글이 모국어인 친구들에게 영어의 문장구조란 '왜?'라는 귀찮은 질문을 던지게 합니다. 영어는 왜 다르냐는 질문을 한 번씩은 합니다. 그럴 때마다 세상에 존재하는 모든 언어는 사용하는 사람들의 역사와 문화 배경에 따라 최적의 모양으로 진화해 왔고 규칙을 지키는 것이 그 언어를 터득하는 가장 빠른 방법이라고 알려줍니다.

단순 공부가 아닌 언어에 대한 흥미와 이해가 있어야 장기간 진행할 수 있습니다. 무조건이 아닌 타당한 이유가 있어야 아이들은 알아듣습니다.

독해 연습을 통해 문장구조의 차이는 설명해 줄 수 있지만 억지로 암기를 시킬 필요는 어차피 새로운 문장에서 반복적으로 설명을 듣게 되면 자연스럽게 습득이 됩니다. 단순 기억은 반복을 통해 장기 기억으로 만들어집니다. 그 기억이 본격적인 문법 학습을 할 때 큰 바탕이 될 것입니다.

한글 수준을 올리면 영어도 오릅니다
○ ○ ○

영어를 잘하려면 우리말을 잘하면 됩니다. 추상적이고 책임감 없는 말 같지만 분명한 사실입니다. 매일 사용하고 매일 배워야 하는 모국어를 못하는데 외국어를 잘할 수는 없습니다.

영어는 국어의 수준을 뒤쫓아 오면서 실력이 점점 가파르게 향상됩니다. 미국의 중등 과정 이상의 수업을 들을 수 있을 정도가 되었을 때 두 언어의 진정한 호환이 가능합니다. 보통의 한국 가정의 학생이 영어가 한글보다 빠르다면 영어를 잘해서 좋아할 것이 아니라 한국어 수준을 올릴 생각을 해야 합니다. 영어 실력을 키우려면 한글 독서를 하고, 수업 시간에 집중하고, 국어 독해 공부도 해야 합니다.

편안하고 자유롭게 영어를 배울 수 없는 환경이라면 모국어가 먼저입니다. 나쁜 환경이 아닙니다. 우리나라는 영어를 공용어로 쓰는 국가가 아닙니다. 고등학교만 졸업했다고 이중언어를 사용할 수 있는 환경도 아닙니다. 영어를 배우기 불편한 환경이지 나쁜 환경이 아닙니다. 불편함을 이겨내려면 기본을 더 닦으면 됩니다. 기본인 국어에 충실해야 영어를 우리말로 바꾸는 해석도 가능하고, 이해하고 나야 영어의 문장들이 더 선명하게 보이게 됩니다.

국어의 띄어쓰기도 힘들고 맞춤법도 힘든 친구에게 영어 스펠링과 문법을 학습하라고 하는 것은 가혹한 말입니다. 두 개 다 놓칠 수 있습니다. 그래서 영어의 시작은 모국어보다 낮은 단계에서 시작하는 것이 좋습니다. 언어는 결국 한 곳에서 만나기 때문에 낮은 단계에서 시작하더라도 결국 모국어와 같이 성장할 수 있게 됩니다.

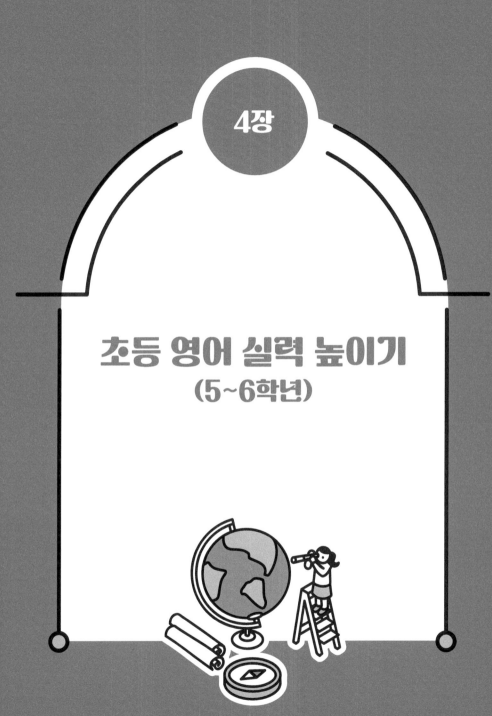

4장

초등 영어 실력 높이기
(5~6학년)

중간 점검이 필요한 때

우리 아이 실력이 궁금하다면

○ ○ ○

고학년의 시기가 오면 학원으로 보내볼까 하는 생각을 합니다. 어머님들이 학원을 찾는 이유는 다양하지만 두 가지 큰 이유가 있습니다.

❶ 학원은 완벽할 것이라는 착각

고학년 아이들이 학원으로 가게 되는 이유 중 하나는 학원에 대한 기대감입니다. 그곳에 가면 아이의 자기 주도가 길러지고, 설명을 100% 이해하리라 생각합니다. 완벽한 공부 방법은 없습니다. 학원의 커리큘럼은 실력 있는 강사들의 비결, 혹은 대형 프렌차이즈의 평균 이상의 퀄리티를 품고 있습니다. 이것이 우리 아이를 위한 것인지 질문하면 답하기는 쉽지 않습니다.

학원은 학습을 위한 여러 가지 방법의 하나이며 활용해야 하는 도구라는 것을 알아야 합니다. 보내면 끝이 아니라 보내고 나서 더 챙겨야합니다. 커리큘럼을 잘 따라가는지, 의미 없는 과제는 없는지, 지금 정말 필요한 사교육인지 고민해야 합니다. 우리 아이의 실력이 독해, 문법, 어휘, 듣기가 일정할 수가 없습니다. 학원은 맞춤이 아닙니다.

학원을 보내지 말라는 말이 아니라, 보내기 전 학원에 대한 기대를 최대한 낮추라는 말입니다. 학원에서의 수업도 결국 배움입니다. 배움을 내 것으로 만드는 과정이 아닙니다. 학원에 다닌다면 과제 외에도 커리큘럼을 잘 따라가는지 점검해야 하고 과정 중 부족한 부분이 있다면 따로 채워줘야 합니다.

❷ 학원의 불안 마케팅

아이마다 한두 번쯤은 학원의 테스트를 본 적이 있을 것입니다. 성빈이와 한빈이도 레벨테스트를 본 적이 있습니다. 학원의 테스트를 보고 나면 괜찮은 곳도 있지만 불쾌한 기분이 드는 곳도 많습니다. 사교육은 부모의 불안을 먹고 산다고 합니다. 반대로 말하자면 불안을 가진 학부모가 학원을 찾을 때 학원은 그 부분을 확대해서 보여줍니다.

성빈이가 3학년 때 테스트받았던 학원은 아이를 깎아내리기에 바빴습니다. 그 당시에는 SR 테스트를 학원에서만 볼 수 있어서 찾아갔습니다. 테스트 점수를 못 믿겠다는 듯 독해 교재를 펴고 해석시키기 시작했습니다. 그러고는 단점을 쏟아냅니다. 그 테스트를 받고 나서 불안해졌기보다는 불쾌했습니다. 아이에 대한 애정이 보이지 않는 곳에 보내고 싶지 않아졌습니다.

하지만 보통의 어머님들은 원장의 코멘트를 받고는 바로 시작하지 않으면 큰일 날 것 같은 느낌을 받습니다. 그래서 당장 등록해야 하는지를 고민하시다가 상담 신청을 하십니다. 사교육이지만 교육 서비스업이라는 것을 제대로 실행하는 곳에서는 절대 그런 식으로 상담하지 않습니다. 불안감을 조성하는 곳은 한 번 더 의심해야 합니다.

영어는 일반 초등학교에 다니면서 학교의 수준으로 가늠할 수 없는 것들이 많습니다. 우리 아이의 실력이 어디까지 왔는지 궁금하다면 테스트를 보는 것이 맞습니다. 테스트 결과는 성적표가 아닌 이정표입니다. 지금 아이가 서 있는 지점을 좌표로 표시하는 것이 아니라 앞으로 나아가야 할 방향을 보여 주는 용도라는 것 잊지 마세요.

실력을 체크할 수 있는 방법들

○ ○ ○

❶ 오프라인 학원 레벨테스트

구체적인 학원들의 이름은 말씀드리지 않겠습니다. 보통 전국적인 체인점을 두고 있는 학원의 테스트를 추천합니다. 혹은 학군지나 한 지역에 오랫동안 활발하게 교육 중인 학원을 선택하시면 좋습니다.

전국적인 학원은 테스트를 보는 아이들의 숫자가 많으므로 빅데이터의 양이 상당합니다. 4대 영역에 대해 나의 위치를 각각 보여줌으로써 부족한 부분을 채울 기회가 생깁니다. 단, 학원의 레벨에 따라 수업의 난이도가 다릅니다. 레벨테스트도 학원마다 각기 다른 수준으로 진행되기 때문에 학원의 레벨테스트 문제의 기준이 어떤지 알고 진행하면 좋습니다.

학군지나 한 지역의 오래된 학원들은 체인점이 아니라는 자부심이 있습니다. 무리하게 확장하지 않고 한 자리에서 가르쳤다는 것은 소비자에게 믿음을 주기 충분합니다. 전국적인 데이터는 아니지만 그 지역의 특성에 따른 레벨테스트를 받을 수 있습니다. 중학교, 고등학교 내신 중심의 수업을 진행하고 있으므로 레벨테스트 또한 그에 맞춰져 진행됩니다.

직접 가서 레벨테스트를 보는 경우 아이들의 그날 컨디션에 따라 성취도가 낮게 나올 수도 있습니다. 이것을 염두는 하지만 핑계가 되어서는 안 됩니다. 아이들이 앞으로 인생에 있어서 시험을 볼 때, 어떤 상황이 닥치더라도 변명할 수가 없습니다.

시험 한 번을 보더라도 아이들이 배울 것이 많습니다. 다니지 않더라도 한 번쯤은 오프라인 레벨테스트를 보는 것을 추천합니다.

❷ 온라인 레벨테스트

◉ NELT 테스트

능률출판사에서 만든 테스트입니다. 넬트의 좋은 점은 우리나라 교육과정에 따른 테스트라는 점입니다. 어휘, 독해, 문법, 듣기 수준에 대해 객관적인 지표가 나옵니다. 학년에 비해 영어 실력이 높은 경우 시험 단계를 높여서 볼 수도 있습니다. 4개 영역에 대한 상세한 정보를 알려주기 때문에 분야별로 부족한 부분, 발전할 수 있는 부분을 따로 정해 학습을 할 수 있습니다.

새로운 교재를 나가기 전에 테스트하고 교재를 정하는 것도 맞춤 학습을 할 수 있는 방법입니다. 테스트에 대한 부담을 줄일 수도 있습니다. 4개의 영역의 성취도가 들쑥날쑥한 것이 일반적이기 때문에 교재 맞춤을 할 수 있다는 것은 가장 큰 장점입니다.

영어 교육에 통달한 기업의 테스트라는 것도 신뢰도를 올려줍니다. 능률이라는 기업이 우리나라 영어 시장에 차지하는 부분은 정말 큽니다. 제가 중학교 때 풀었던 독해집을 지금도 풀고 있을 정도입니다. 좋은 교재를 만드는 기업에서 교육과정에 맞춰 만든 시험이니 믿음이 갑니다.

학원, 교습소, 공부방에서 이 시험으로 레벨테스트를 보는 곳도 많습니다. 2~3개월에 한 번씩 실력 체크를 하면서 영어 실력을 점검한다면 도움이 될 수 있습니다. 시간과 장소에 구애받지 않고 테스트를 받을 수 있다는 점도 장점입니다.

전체적인 총평과 세부 내용에 대한 조언은 주지만 특정 교재를 추천해 주지는 않습니다. 알아낸 정보로 교재를 정해야 하는 번거로움이 있지만 능률의 책을 추천하지 않는다는 점에서는 공정한 시험의 느낌을 줍니다.

💬 Bricks, Alist 사이트의 레벨테스트

무료로 활용할 수 있는 온라인 테스트입니다. 보통 사이트들의 무료 테스트의 목적은 테스트를 본 학생에게 맞는 자체 교재를 추천함으로서 판매를 올리는 데 있습니다. Bricks, Alist또한 굉장히 좋은 교재들을 만드는 회사입니다. 영어를 학습한다면 누구나 들어본 회사들입니다. 어떤 단계의 교재를 선택해야 할지 모를 때 활용하면 좋습니다.

무료 테스트이니만큼 세밀함이 부족한 것은 아쉬운 점입니다. 단계의 폭이 크게 나와 어떤 교재를 선택해야 할지 혼동될 때도 있습니다. 하지만 대체적인 기준점은 잡을 수 있게 해 줍니다.

테스트를 통해 아이의 수준을 아는 것을 스트레스와 연관지어 염려하는 시선도 있습니다. 학업을 수행함에 있어서 중간 단계에 테스트는 꼭 필요합니다. 아이의 객관적인 수준을 옆에서 지켜보는 것으로 알 수가 없습니다. 실력보다 쉬운 교재를 하고 있을 수도 있고 반대의 경우도 있습니다.

저학년의 시기에 자주 시험을 보는 것은 영어를 싫어하게 할 여지가 있습니다. 하지만 고학년의 경우 점검을 하지 않고 무작정 학습을 진행하면 맞지 않는 교재에 아이가 힘들어집니다. 신발 하나도 아이 발에 맞는 것을 찾으려면 여러 번 신어봐야 합니다. 학습에 있어서 몇 번의 테스트는 맞는 교재를 찾는 데 큰 도움이 될 것입니다.

중등 필수 영단어 준비

○ ○ ○

초등 필수 영단어를 성실히 암기해 왔다면 이제는 중등 어휘로 진입입니다. 중등 필수 단어는 중학교 때 시작하면 되지 않냐는 질문을 합니다. '필수'라는 것은 준비물입니다. 달리기를 시작하기 전에 운동화를 준비해야 합니다. 경기를 준비하고 있다면 새 운동화가 익숙해지도록 연습도 해야 합니다. 학습을 진행할 때 의문이 들 때면 음식과 운동과 비교해 보면 답이 쉽게 나올 때가 많습니다. 공부가 인생의 바탕을 만들어가는 과정이기 때문에 가능한 비교입니다.

영어 실력은 단어 양을 채우면서 커집니다. 영어뿐 아니라 모든 학습에서 어휘가 큰 비중을 차지합니다. 재료가 풍성해야 요리의 맛이 다채로워지는 것처럼 소화하고 있는 어휘가 많아야 모든 영역에서 발전할 수 있습니다.

아이들이 커갈수록 뇌에서 이해할 수 있는 내용도 많아집니다. 점점 어려워지는 학습을 이해할 수 있을 만큼 아이들은 자랍니다. 그 과정은 힘들다고 회피할 과정이 아니라 도전해야 하는 과정입니다.

그런 의미에서 영어 단어는 중등 영어, 학습적 영어의 가장 중요한 준비물입니다. 시중에는 많은 단어장이 나와 있습니다. 어떤 것을 선택해도 좋습니다. 필수 영단어가 들어있으므로 아이들이 원하는 디자인을 보고 선택해도 무방합니다.

중등 단어들은 보통 3, 4권의 커리큘럼으로 나뉘어져 있습니다. 예비 중등부터 중3까지 기본 단어들의 교재들과 숙어를 따로 배정한 단어장도 있습니다. 숙어의 경우 둘 이상의 단어가 모여 새로운 뜻이 되기 때문에 유추로 짐작할 수가 없습니다. 외국인이 우리나라의 관용어나 속담을 바로 알아듣지 못하는 것과 같으므로 반드시 따로 학습을 해야 합니다.

단어 교재는 여러 가지를 돌려보는 것이 아닙니다. 말씀드렸듯 필수 영단어를 수록하고 있으므로 한 권을 여러 번 보는 회독을 추천합니다.

중등 영단어 책을 펼쳐보았을 때 아는 단어가 꽤 많을 것입니다. 예비 중, 중1 단어들은 생각보다 어렵지 않아서 자신감이 생기기도 합니다. 초등학교 입학하고 4년을 차근차근 진행해 왔다면 이것은 당연한 현상입니다. 열심히 하지 않았어도 성실했다면 얻을 수 있는 결과입니다. 언어라는 것은 많이 사용할 때 발전할 수 있는 영역입니다.

단어 교재 활용 팁

○ ○ ○

❶ 단어 교재 선택

예비 중등 교재부터 시작합니다. 장기간 학습해야 하므로 단어 공부를 어렵게 시작하면 안 됩니다. 쉬운 교재를 빠르고 꼼꼼하게 짚고 넘어가면서 성취감도 올릴 수 있습니다. 교재가 너무 쉽다면 다음 단계로 진행해도 무방합니다. 하루치 학습할 양에서 모르는 단어가 3개가 넘지 않는 수준이 학습하기 좋은 단계입니다. 단어 교재는 단순히 새로운 단어를 알기 위한 교재가 아닙니다. 1차적으로 알고 있는 대표 의미와 함께 2차적 의미까지 확장해서 어휘 수준의 깊이를 만들기 위한 교재입니다. 더불어 품사와 예문을 통한 쓰기 연습까지 학습할 수 있습니다.

❷ 단어 교재 활용 팁

읽고, 쓰고, 암기하는 순서를 지키면 좋습니다. 아는 단어여도 소리 내서 읽어보는 것이 우선입니다. 요즘 단어 교재들은 qr 코드가 다 있습니다. 꼭 활용하게 해 주세요. 아이들에게 원하는 것이 미국인 원어민의 발음이 아닙니다. 우리말에도 지켜야 하는 발음법이 있듯이 영어도 강세만큼은 꼭 지켜 줘야 한다고 알려주세요.

암기할 때 방법은 다양합니다. 눈, 입, 손, 온라인 등등의 방법이 있는데요. 이 방법은 아이마다 다 다르니 가장 맞는 방법을 찾아주되 꼭 확인해야 합니다. 교재에 포함된 테스트를 활용해서도 되고 온라인 사이트를 통해 자료를 얻어도 됩니다. 테스트할 때 영한말고 한영으로도 스펠링 체크를 해 주세요.

암기할 때 뜻이 2개가 나와 있다면 2가지를 반드시 외울 수 있게 해야 합니다. 두 번째 나오는 뜻은 자주 쓰이지는 않지만 보통 어려운 문제에서 사용됩니다. 확장되는 어휘의 뜻을 아는 것이 단어 교재를 암기하는 중요한 이유 중 하나라는 것 잊지 마세요.

예문까지 활용한다면 정말 좋습니다. 보통 1회 독을 할 때는 예문까지 읽기가 힘듭니다. 2회 독을 할 때 예문을 손으로 쓰면서 예문 안에서 어떻게 활용되는지 익힐 수 있게 해 주세요.

단어는 하루에 많은 양을 하지 마세요. 1일 차에 20개 정도의 단어를 학습할 수 있는데 단번에 다 외울 수 없습니다. 그래서 반복이 필요합니다. 그렇다고 100% 암기를 하고 넘어가려고 하시면 안 됩니다. 언어는 시멘트 바르듯 빈틈없이 채워지지 않습니다. 얼기설기 짠 그물 위에 그물을 얹으면서 구멍이 작아지게끔 만들어야 합니다. 하지만 그물의 구멍을 완전히 메울 수 없다는 것 기억하세요. 아이들은 기계가 아닙니다.

독해 교재 선택 팁
○ ○ ○

몇 년 동안 아이의 교재를 골라왔습니다. 그런데도 교재를 고르는 일은 늘 머리가 아픕니다. 저는 강사 시절부터 교재 분석을 좋아했었기 때문에 교재 고르는 일이 신이 납니다. 우리 아이들이 사용할 교재가 아님에도 추천하기 위해서 교재를 연구할 정도입니다. 다 똑같아 보이지만 전문가들이 연구하고 공을 들여 만든 교재를 보는 재미를 느낄 수 있으면 좋겠습니다.

❶ 원서식 교재와 내신식 교재

학습의 용도에 따라 나눠진 교재입니다. 두 교재는 하나의 큰 차이가 있습니다. 지문을 읽고 문제를 풀 때 문제가 우리말이냐 영어냐에 따른 구분입니다. 중학교, 고등학교의 내신 시험 그리고 수능까지 우리나라 아이들이 공적으로 보게 되는 문제들은 대부분 한국어로 쓰여 있습니다. 그래서 문제가 우리말로 쓰여 있는 교재들을 보통 내신식 교재라고 부릅니다. 원서식 교재는 교재 안에 있는 모든 글자가 영어라고 생각하면 됩니다.

❷ 나에게 맞는 교재 찾기

영어 문제를 읽는데 거리낌이 없다면 원서식 교재를 추천합니다. 중등 과정의 원서식 교재의 영어 문제는 아주 까다로운 편은 아닙니다. 그렇다 하더라도 아이들이 부담을 느낀다면 쓰지 않는 것이 좋습니다. 영어 교재에 한글이 많아지는 것을 싫어하는 학부모님도 있습니다. 그것은 취향이니 편하게 결정하면 됩니다.

영어 문제를 이해할 정도의 친구라면 이것이 교재 선택에 큰 영향을 미치지는 않을 것입니다. 나의 수준에 맞는 교재를 선택하면 됩니다. 지문들은 보통 비문학 지문들이 실려 있습니다. 독해라고 하는 것은 지문을 읽고 정보를 알아내는 목적이 크기 때문에 새로운 지식을 지문을 통해 알게 되는 재미도 있습니다.

한 가지 교재만 진행하지 않고 번갈아 가면서 활용해도 좋습니다. 원서식 교재의 부담이 크다면 같은 레벨의 내신식 교재를 학습하고 후에 원서식 교재를 학습하는 방법으로 단계를 올릴 수 있습니다.

5학년 문법 시작을 추천하는 이유

○ ○ ○

아직 우리말의 구조도 잘 알지 못하는 어린아이들의 문법 수업은 반대합니다. 출판사마다 아주 기본적인 문법들을 알려주는 책이 있습니다. 초기의 문법은 앞 장에서 설명한 것처럼 독해 학습을 할 때 연관 지어 진행하는 것이 훨씬 효율적입니다. be 동사가 am, are, is인것을 3, 4학년에 교재를 통해 배우기보다 내가 독해한 문장에서 배우는 것이 낫다는 말입니다.

5학년은 국어 교과서에서도 문법적인 내용들이 나오는 시기입니다. 품사도 배우고, 단어의 관계도 배웁니다. 5학년이 문장을 분석하고 형식을 알아가기에 적기라는 말입니다. 이 알맞은 시기를 맞추기 위해 그동안 한글과 영어 공부를 단계적으로 진행해야 하는 필요성을 이야기한 것입니다. 그 순간에 제대로 시작할 수 있게 말입니다.

5학년 때 문법 시작을 추천하는 또 다른 이유는 중등 과정을 들어가기 전 2년 정도의 시간을 들일 여유가 있기 때문입니다. 문법이야말로 단계별 학습이 필요합니다. 초등 과정에서는 문법을 이해하고 받아들이는 것에 초점을 맞출 수 있습니다. 그런 후에 중등 과정을 진입하면서 암기와 적용을 할 수 있게 됩니다.

3, 4학년 때 독해를 진행해 오면서 아이들에게 문법적인 이야기를 조금씩 흘리라고 한 이유가 여기에 있습니다. 새로운 것을 배울 때 모든 분야에서 신나게 달려들지는 못합니다. 문법이라는 단어만 듣고도 두려워할 수 있습니다. 스스로 해석했던 문장 속의 용어들이 교재에서 보인다면 낯설기보다 반가운 마음이 들게 됩니다. 딱딱한 교재가 아니라 내가 듣던 말들이 들어있는 교재가 되는 것입니다.

중등 과정을 빠르게 들어갈 필요가 없습니다. 문법 분야는 가장 마지막에 사용해야 하는 무기 중 하나입니다. 이해할 수 있는 시기에 적당한 양을 주입해야 소화시킬 수 있게 됩니다.

만약 5학년인데 독해를 접해보지 못했던 친구라면 당장 문법을 하라고 하지 않습니다. 5학년이라는 시기는 3, 4학년 때 준비 과정이 끝난 친구들의 시기를 말하는 것입니다. 이런 친구들은 오히려 일 년 더 독해 공부를 하고 6학년 때 문법을 들어가는 것이 효율적입니다.

늘 강조하지만, 아이들의 속도는 다릅니다. 추구하는 방향도 다릅니다. 하나 분명한 것은 준비해 온 아이들만이 그나마 수월하게 단계를 넘어갈 수 있다는 것입니다. 미리 준비하는 것을 엄마가 애들을 잡는다고 치부하는 사람들도 있습니다. 애를 잡는 것과 바탕을 깔아주는 것은 다른 것입니다. 자유와 방임도 구분해야 합니다.

문법 시작 전 확인할 점
○ ○ ○

모든 교재는 만들어진 목적이 있습니다. 목적에 따라 활용할 때 가장 큰 효율을 얻을 수 있습니다. 문법 교재는 문법적인 내용을 학습하기 위해 만들어졌습니다. 즉, 문법 용어 말고는 모르는 내용이 없어야 합니다. 예문은 쉽게 읽혀야 하며, 단어들도 다 알고 있어야 합니다. 100% 완벽할 수는 없지만 최소한 90% 정도의 문장들이 쉬워야 합니다. 읽은 후에 뜻을 말함에 거리낌이 없어야 합니다.

문법 교재에 걸림돌이 있으면 안 됩니다. 구조를 파악해야 하는데 단어를 찾고 있으면 안 됩니다. 그래서 문법 교재는 섣불리 시작하는 것을 권하지 않습니다. 아이들은 교재를 보면서 바로 느낍니다. 교재의 문장들이 쉬우면 다음 단계인 문법 용어들을 보는 것이 불편하지 않습니다. 3, 4학년 때 많이 들어본 말들이니까요. 거기다 문장까지 이해가 잘 되니 마다할 이유가 없습니다. 아이들은 자신의 레벨이 올라갔다는 사실에 기뻐하면서 공부하고 싶다고 할 것입니다.

반대로 문장이 어렵다면, 문법 용어가 눈에 들어오기 전에 이미 답답함을 느끼게 됩니다. 독해 연습을 충분히 한 후에 문법을 시작해야 한다는 것 잊지 마세요. 여러 번 강조하지만 언어의 모든 영역이 동시에 향상될 수 없습니다. 하나씩 채우면서 쌓아 올라가는 것입니다.

문법 시작 책 추천
○ ○ ○

좋은 교재는 많이 있습니다. 지금 추천하는 교재는 1~2년간 독해를 충분히 학습해 온 5, 6학년 친구들을 위한 교재입니다. 너무 어릴 때 시작하면 중간에 포기해야 하는 경우가 생깁니다. 우리말, 영어가 어느 정도 성장한 친구들에게 추천합니다.

❶ 초등 영문법 3800제
중등 영문법 책으로 유명한 3800제의 초등 교재입니다. 중등 교재와 다르게 컬러풀하고 판형도 큽니다. 이미지들도 많아서 이해하기 좋습니다. 초등 과정을 총 8권으로 만들었기 때문에 구성 또한 답답하지 않습니다.

3800제는 장점이자 단점이 많은 문제량입니다. 문제에 질리기 때문에 활용하지 않는 분들도 많습니다. 저는 이것이 장점이라고 보는 사람입니다. 문법은 익숙해질 때까지 반복해야 활용할 수 있습니다. 많은 문제를 풀어보면서 습득할 수 있다면 이보다 좋을 수 없습니다. 8권으로 구성되어 있어 지루할 수 있습니다.

후반부의 내용은 난도가 높아져서 초등과정에서 다루기 어려운 내용들도 있습니다. 후반부는 6학년 때 진행하면 훨씬 효율이 좋습니다.

❷ 그래머 인사이드 초등

역시 유명한 중등 그래머 인사이드의 초등 교재입니다. 총 6권으로 구성되어 있습니다. 교재의 구성과 문제들이 친절합니다. 초등학생들이 편안하게 다가갈 수 있는 분위기를 가지고 있습니다. 전체적으로 문제의 양이 3800제보다는 적은 편입니다. 3800제의 문제량이 너무 많다 느껴지면 이 교재를 추천합니다.

두 교재의 구성은 아주 다르지 않습니다. 믿을 수 있고 괜찮은 출판사의 교재들이기 때문에 둘 중 고민된다면 아이에게 선택을 맡기세요. 저는 교재를 고를 때 두 가지 정도로 추린 후에 물어봅니다. 지루한 공부를 해야 한다면 디자인이나 구성은 내 마음에 드는 것이 그나마 나은 선택이 될 수 있습니다. 두 교재를 모두 하지는 마세요. 욕심은 금물입니다. 8권, 6권의 양이 적은 것이 아닙니다. 하나의 교재를 선택하고 완독 후 중등 과정에서 다지겠다는 마음으로 진행해 주세요.

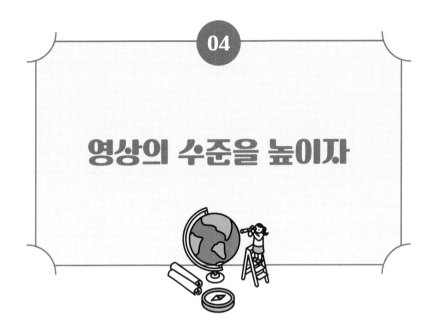

영상의 수준을 높이자

꾸준히 들어야 합니다

○ ○ ○

어려운 것을 들을 필요가 없습니다. 쉽고 편안한 영상을 찾아도 괜찮습니다. 봤던 영상을 다시 보는 것은 더 좋습니다. 듣기는 물 흐르듯 진행되어야 합니다. 각종 시험에 듣기가 기본 점수를 차지하는 것도 맞습니다. 그것이 전부가 아닙니다. 언어의 기본을 채우고 있다고 생각해 주세요.

우리 아이들이 공식적으로 보게 되는 영어 시험에서도 듣기는 비중을 차지합니다. 사회에 나가서는 더 큰 위치를 차지하게 됩니다. 듣지 못하면 대답도 하지 못합니다. 당연한 말임에도 실천하기 힘든 것이 듣기입니다.

듣기는 시간을 많이 투자하고도 성과가 두드러지게 보이는 분야가 아니라서 뒷전으로 밀리는 경우가 많습니다. 다른 영역을 채우는 것이 낫겠다고 판단하기 때문입니다. 그렇지만 언어의 기본을 채우는데 듣기를 빠뜨릴 수 없습니다.

지금까지 꾸준히 듣기를 진행해 왔다면 아이의 관심사를 활용해 주제들을 확장해 주세요. 그전까지 깔끔한 성우의 목소리가 녹음 된 애니메이션을 봤다면 이제는 실사화된 이야기들을 듣는 것도 좋습니다. 성우의 목소리보다 일반 배우들의 목소리가 더 듣기 어렵습니다. 이런 방향으로 확장한다면 부담이 덜하고 재미도 느끼게 됩니다.

고학년이 된 입장에서 영어 듣기까지 해야 하느냐고 생각할 것이 아니라 이제 본격적인 시작이라고 생각해 주세요. 내가 듣고 즐겼던 내용은 다른 곳으로 사라지지 않습니다. 아이의 영어 베이스를 더 탄탄하게 해 줍니다.

초등 고학년 영상 추천
○ ○ ○

특히 가족과 함께 볼 수 있는 영상들을 추천합니다. 고학년 친구들과 대화할 시간이 많이 없습니다. 영상을 보면서 안 들린다는 핑계로 아이에게 내용을 물어봐도 좋고요. 그저 옆에 앉아 같이 쉬어도 좋습니다.

❶ 음식을 주제로 한 경쟁 프로그램
신기하고 달콤한 디저트, 케이크, 음식들을 주제로 경쟁하는 프로그램입니다. 경쟁자들의 신경전을 보면서 재미도 느끼고 놀라운 음식들을 보면서 시각적인 재미도 있습니다. 평범하지 않은 창의적인 음식들을 만들어 내는 참가자들을 보면서 자극도 받을 수 있습니다. 현실에서는 실행하기 힘든 요리들로 대리 만족도 가능합니다. 전문적인 용어들이 많이 나오는 것은 아니기 때문에 대화를 이해하는 데 어렵지 않습니다. 요리나 베이킹에 대한 기초는 알고 있으면 좋습니다.

◀ Is It Cake?
말 그대로 진짜 케이크야?! 입니다. 정말로 창의적인 케이크 같지 않은 케이크를 만들어 경쟁을 하는 프로그램입니다. 어른이 봐도 눈이 휘둥그레질 정도의 케이크들이 등장합니다.

◀ Easy Bake Battle
재능 있는 가정 요리사들의 요리 배틀입니다. 맛도 좋고 빠르고 간편하게 만드는 요리 중 누가 1등이 될지 이야기해 보는 것도 재미있습니다.

◀ Crazy Delicious
아마추어 요리사들의 경연대회입니다. 실험적인 요리들을 만날 수 있어요.

❷ 어린이가 주인공인 드라마와 영화

내용이 귀에 들린다면 마다할 것 없는 시리즈들입니다. 조금 유치하지만 우리 아이들도 아직 초등학생이니 충분히 재미있을 수 있습니다. 성빈, 한빈이가 어렸을 때 쉬는 시간에 보는 영화나 드라마가 영어였으면 좋겠다는 생각을 했었는데요. 우리 친구들도 그런 날이 온다면 좋겠습니다. 아직 청소년이 주인공인 드라마는 추천하지 않습니다. 들리는 것과 별개로 정서적으로 너무 빠르지 않은 이야기를 보는 것이 도움이 됩니다.

◀ **The Worst Witch**
인간이었던 여자아이가 마녀의 세계로 들어가는 이야기입니다. 꼴찌의 성장기는 늘 아이들에게 재미를 선사합니다.

◀ **The Inbestigators**
탐정 이야기 또한 아이들의 원픽이지요. 친구들이 모여 사건을 해결하는 과정을 그렸습니다.

❸ 과학 영상도 재미있습니다

과학이라고 딱딱하게 풀어내지 않습니다. 엉뚱하고 유쾌합니다. 내용이 어렵다면 영어 자막을 켜고 들으면서 익숙해지면 자막 없이도 도전할 수 있습니다. 한글책과 영어책으로 과학에 접근한 친구들이라면 더 흥미롭게 볼 수 있습니다. 시작은 어떤 매체라도 상관없습니다. 책이 영상으로, 영상이 교재로 퍼질 수도 있습니다. 그렇다고 너무 교육적인 점에 중점을 두지 말고 즐길 수 있도록 해 주세요.

▲ Brain Child

▲ Watch Emily's Wonder Lab

처음에는 학습을 위해 듣기를 시작했을 수 있습니다. 덜 힘들게 하려고 영상을 골라서 보여주고 편안하고 즐거운 마음이 들게 하려고 노력하셨을 것입니다. 지금 추천한 영상이 아이의 취향에 맞지 않아도 괜찮습니다. 지금까지의 노력이라면 아이가 스스로 원하는 영상을 찾기도 할 것입니다. 아직 들리지 않는다면 더 쉬운 영상을 보면 되는 것이고 들린다고 하더라도 쉬운 영상을 찾으면 방향을 그쪽으로 만들면 됩니다.

꾸준한 듣기는 꼭 필요한 과정이지만 아이들을 힘들게 하면 안 됩니다. 가장 기본을 채우는 것이기 때문에 최대한 부담 없이 진행해야 합니다.

글쓰기, 어느 정도 쓰나요?

○ ○ ○

영어 글쓰기를 이야기하기 전에 우리말 글쓰기에 대해 점검해 봐야 합니다. 우리말 글쓰기, 혹은 글짓기 어느 정도 쓰나요? 초등학교를 보내보니 글 쓸 일이 많지 않습니다. 학교마다 다르겠지만 일기도 주 1회 정도, 독후감도 주 1편, 그것마저 격주로 씁니다. 교내 대회도 사라진 상태라 글쓰기를 할 기회가 많지 않습니다.

글을 쓸 기회가 줄어든다는 것은 생각할 기회도 줄어든다는 이야기입니다. 뇌에 저장된 내용들을 순간 꺼내는 말하기와는 다릅니다. 말을 할 때보다 글을 쓸 때 더 골똘히 생각하게 됩니다. 말은 휘발되지만, 글은 기록이 되는 것이기 때문에 더 공을 들일 수밖에 없습니다.

1, 2학년의 받아쓰기와 알림장으로 시작한 글쓰기가 한 편의 독서 감상문, 에세이로 변하려면 시간과 노력이 들어갑니다. 태생적으로 글쓰기를 좋아하는 친구들은 글이 발전하는 과정이 힘들지 않지만 제 아들들을 포함한 보통 아이들의 경우 분량을 늘리는 것부터가 고비입니다.

글쓰기는 일단 양을 늘릴 수 있어야 합니다. 5, 6학년이라면 노트 한 장 정도의 글쓰기는 어떤 주제여도 무리 없이 가능한 수준이 되어야 합니다. 그 안에는 글의 구조가 살아 있어야 하고 의미 없는 내용 반복도 없어야 합니다. 도대체 이 수준을 어떻게 만들 수 있을까요?

글은 써야 실력이 오릅니다. 써보지 않고서는 아무것도 되지 않습니다. 누구나 아는 진리이지만 실천하지 않는 사람들이 더 많습니다. 실력을 키운다는 것은 양을 늘리는 것으로부터 시작입니다. 글의 양을 채우는 것이 가장 우선입니다.

3학년 가을 첫 영어 글쓰기를 시작한 성빈이는 이제 2년째 글을 쓰고 있습니다. 첫 글쓰기는 열 줄도 못 썼습니다. 처음 가진 목표는 '양 채우기'였습니다. 길이를 늘이는 것이 가장 힘들었다고 말할 수 있습니다. 지금은 썩 괜찮은 에세이 한 편을 쓸 정도가 되었습니다. 다섯 문단의 글을 쓰는 동안 문단마다 무엇을 쓸지 골똘히 생각합니다.

성빈이의 경우 글쓰기를 좋아하지도 않았고 손에 힘이 없어서 글자를 어떻게 쓰나 걱정하면서 입학시켰던 생각이 납니다. 한글 글쓰기 또한 알맹이가 있는 글을 쓸 수 있게 되었습니다. 좋아하지 않는 일이지만 성취감은 느낄 수 있는 것이 글쓰기입니다.

글을 쓰고 나서 첨삭이나 내용에 대해 조언하지 않았습니다. 영어 글쓰기는 전문가분의 의견만 보여주었고, 한글 글쓰기는 제가 손대지 않았습니다. 학교 선생님의 칭찬을 받아 자랐을 뿐입니다.

대신 글쓰기 전에 대화를 나누는 방법을 택했습니다. 주제나 읽은 책에 대해 머릿속으로 정리하는 과정을 돕는 역할을 제가 했습니다. 편안하게 글쓰기가 성장한 것만은 아닙니다. 짜증 낼 때도 있고, 의견이 충돌할 때도 있기도 했습니다. 그저 일상에 글쓰기가 조금씩 스며들게 해 주었습니다.

글의 길이가 짧아서 걱정이라면 1주일에 한 편 정도는 글을 쓸 수 있는 환경을 만들어 주시는 것을 추천합니다. 자유 글쓰기도 좋고, 교재를 활용해도 좋습니다. 마인드맵으로 시작하여 한 편의 글을 만들어도 좋고, 독후감을 매주 쓰는 것도 좋습니다. 아이의 생각을 정리할 수 있는 방법을 만들어 주세요.

5, 6학년은 생각이 크게 자라는 시기입니다. 자아에 싹이 트고 뿌리를 내리려는 시기이기 때문에 부모님과 부딪히는 시기이기도 합니다. 이 시기가 글의 양과 질을 늘릴 수 있는 좋은 시기라고 생각합니다. 생각이 많아져야 글이 나옵니다. 나오기까지의 과정이 순탄하지 않고 거칠지만 계속 써야 발전합니다.

인풋 없이 아웃풋을 기대하지 마세요

○ ○ ○

생각 없이 말하는 사람은 많습니다. 생각이 없어도 말을 잘하기도 합니다. 그러나 생각 없이 글쓰기는 불가능합니다. 글은 그 사람의 생각이기 때문입니다. 생각하기 위해서는 재료가 필요합니다. 초등학생의 경우 학교에서의 일상이 대부분입니다. 직접 경험을 많이 쌓아준다고 하지만 경험에 의한 사유까지 진행되기란 쉽지 않습니다. 직접 경험의 경우 체험 혹은 여행이 대부분이기 때문입니다.

글을 쓸 수 있게 만드는 또 하나의 재료가 바로 책입니다. 책을 통한 간접 경험은 지식의 습득은 물론 생각할 수 있는 여지를 만들어 줍니다. 수학을 좋아하는 친구가 이미 세상에 없는 수학자에 관한 이야기를 읽으며 자신의 수학 세계를 넓힐 수 있습니다. 판타지 소설을 읽으며 새로운 세상에 대한 탐구를 진행할 수도 있고요.

글에 대한 평가 중에 책을 많이 읽은 티가 난다는 평가가 있습니다. 이 말의 정확한 의미가 궁금해서 여러 전문가에게 질문을 한 적이 있습니다. 잘 썼다는 말 같기는 한데 '티'가 도대체 무엇인가에 대한 궁금증이 있었습니다.

'책 읽은 티'는 글 전반에 걸쳐 나타납니다. 문장의 연결되는 모양새, 어휘의 선택, 생각을 표현할 때의 자세 등이 평범하지 않고 자기 생각을 가지고 있다는 뜻이었습니다. 가장 놀랐던 것은 '자기 생각'이 글에 보인다는 것이었습니다. 책을 읽고 소화가 되면 자기의 생각이 되는 것인데 가장 바라던 것들이 글에 보이게 되었으니까요.

수도꼭지가 아래에 달린 큰 수조에 물을 채웁니다. 수도꼭지 높이를 살짝 넘겼을 때 물을 틀면 처음에는 잘 나오는 듯싶다가 바로 멈추게 됩니다. 수도꼭지 높이까지의 물로는 글을 쓸 수 없습니다. 수도꼭지 높이까지의 인풋은 그저 바탕입니다. 더불어 수조를 다 채운다고 하더라도 아웃풋을 계속 원한다면 수조는 계속 물로 채워주어야 합니다.

큰 수조를 한 번 가득 채우기까지가 초등학교 시기입니다. 이제 5, 6학년이니 수도꼭지를 틀고 글을 쓸 때 어색하지만 줄줄 나올 수 있습니다. 아직 수조가 덜 채워졌다면 더 채우면 됩니다. 어차피 물은 계속 채워 주어야 하기 때문입니다.

쓰기 연습 교재 추천

○ ○ ○

쓰기 영역이야말로 4대 영역 중에 가장 격차가 벌어지는 영역입니다. 빠른 친구들은 이미 아래의 교재가 필요 없을 것입니다. 출판사의 책들도 사실 다양하지 않아요. 그래도 아래의 두 책은 괜찮으니 쓰기 교재가 필요하다면 꼭 참고해 보세요.

❶ Write Right 시리즈 (능률 출판사)

다양한 방법으로 글쓰기를 시도해 볼 수 있습니다. 문장을 쓰는 것이 편안해졌다면 이 책으로 다져갈 수 있습니다. 학원에서도 많이 사용하는 교재입니다. 초등학생이 접근하기에 아주 좋은 책입니다.

❷ Write it 시리즈 (능률 출판사)

본격적인 에세이 쓰기를 배울 수 있는 교재입니다. 교재의 흐름을 따라가면 에세이 한 편씩 도전할 수 있습니다. 6학년 이상 추천합니다.

06

한글책 확장할 시기

역사책을 읽어야 하는 이유

○ ○ ○

역사를 알아야 하는 이유는 많습니다. 한 나라의 문화를 이해하기 위해서, 혹은 과거의 잘못을 되풀이하지 않기 위해서라는 조건들이 붙습니다. 성인이 아닌 초등학생이 역사를 알아야 하는 이유는 관점과 시야의 확장에 목적이 있습니다.

아이들의 뇌는 한계가 없습니다. 초등학교 5, 6학년 아이들의 수학이 어려워지고, 과학이 복잡해지는 것도 뇌 발달과 연관이 있습니다. 이제 '어렵다'라고 말하는 개념, 추상적인 개념을 이해할 수 있는 시기이기 때문입니다. 아직 완벽한 추론 능력은 발달하지 않았어도 현실이 아닌 이야기들을 조합하고 생각할 수 있습니다.

이때 역사를 읽어야만 합니다. 단순히 지식을 늘리는 것이 아니라 역사는 세상을 보는 시야를 넓히는 역할을 해 줍니다. 내가 사는 집, 학교, 게임, 학원이 아이의 전부가 되게 하지 마세요. 뇌가 커지는 시기에 지식의 범위도 넓혀 주어야 합니다.

학교 교과목으로 지정된 과목들의 기원을 찾아가는 것이 역사입니다. 내가 배우는 것들이 과거에는 어떤 방법으로 진행됐고 변화했는지를 알게 됩니다. 단순한 연결고리를 배우는 것이 아니라 주제를 중심으로 정치, 경제, 사회의 모습까지 그릴 수 있는 것이 역사입니다.

한국사와 더불어 세계사도 읽을 수 있습니다. 현재 교육과정에서는 초등학교 5학년 2학기에 한국사를 배우고 중학교에서 세계사를 배웁니다. 우리나라의 역사 교육 중 아쉬운 것은 시대에 따른 나라와 그 나라의 특징을 암기형식으로만 배운다는 것입니다. 한국사의 경우 너무 긴 역사 탓에 그렇다고 치부할 수도 있지만 세계사의 경우까지 순서만 외우는 역사 공부를 하게 됩니다.

이집트 피라미드 안의 파피루스에서 수학 문제를 찾아보고, 제국주의에 관한 책을 읽으면서 우리나라만 그런 일을 겪은 것이 아니구나 하는 것을 알 수 있습니다. 근현대사를 배워야 중학교 과정에 배우는 근현대 문학을 조금이나마 이해할 수 있습니다.

영어로 된 세계사 책에 왜 동아시아의 내용은 중국이나 일본의 내용만 조금 들어가 있는지, 우리나라 이야기는 왜 없는지도 생각해 볼 수 있습니다. 기존에 출판된 세계사 책들의 내용이 왜 중국과 유럽, 미국 중심인지 고민해 봐야 합니다. 시대가 달라지면서 객관적인 시선으로 쓴 역사책도 많이 출판되고 있습니다.

과거로부터 현재까지의 문명과 문화들은 어느 것이 진화되고 덜 진화된 것이 아니라 그 자체로 인정받아야 한다는 사실을 역사책이 아니면 쉽게 알 수 있는 방법이 없습니다. 좁은 시야의 생각을 넓게 만들 수 있는 것은 역사입니다.

세상 전부가 나였던 아이들이 주위를 둘러보게 되는 시기가 사춘기입니다. 그 시기에 아이들은 주변과 자기를 비교하면서 낙담하기도 하고 사회에 대해 불편함을 호소하기도 합니다. 이 시기에 공감해 줄 수 있는 수많은 이야기가 들어있는 역사를 알게 되는 것으로도 나만 그런 것이 아니구나 하는 것을 알 수 있게 됩니다.

역사에 흥미를 붙이기란 쉽지 않다는 것을 압니다. 역사는 필수입니다. 학교에서 한국사 수업 진행하기 전, 한국사 책을 먼저 접하게 해 주세요. 중학교 들어가기 전 겨울방학 때 영어 수학만 할 것이 아니라 세계사 책도 읽을 수 있게 해 주세요. 책의 종류는 다양합니다. 가볍게 읽을 책부터 두꺼운 책까지 선택지는 많습니다.

역사를 읽고 생각하고 이야기를 나누는 것은 아이들의 지식을 채워주는 것만큼 중요합니다. 나의 근본이 어디이며 나를 둘러싼 세상의 큰 이야기들을 접할 줄 알아야 합니다. 크게 생각할 줄 아는 아이를 만들어 놓아야 자기 삶에 목적을 찾고 계획을 세우는 아이가 됩니다. 그 후에 실천의 방법으로 공부와 탐구가 뒤따르게 되는 것입니다.

인문학책을 읽어야 합니다

○ ○ ○

인문학은 인간과 관련된 근원적인 문제나 사상, 문화 등을 중심으로 연구하는 학문이라고 정의 내려져 있습니다. 그중에 중요한 부분인 역사는 앞에서 다뤘으니, 이번에는 철학에 대한 이야기를 해 보려고 합니다.

초등학교에서는 도덕, 중고등학교에서는 윤리라는 과목으로 익숙한 내용이 바로 철학의 범주에 속합니다. 도덕을 지키는 것은 사회가 무너지지 않게 만드는 중요한 일입니다. 초등학교에서는 아이들의 사회화 교육을 진행합니다. 도덕이라는 고리타분한 한자 안에 사이버 범죄 예방 교육까지 들어가 있습니다.

중학교의 윤리는 사실 아이들에게 암기과목일 뿐입니다. 수많은 철학자와 '설'과 '론'들을 암기해야 합니다. 이해도 안 되는 서양 철학자의 이론을 시험을 위해 외워야 합니다. 그렇게 해서 아이들은 철학과 멀어집니다.

철학은 까다롭고 재미없는 것이 아니라 생각하는 여유를 두는 학문입니다. 단순한 일상에서 일어나는 일들이 철학의 주제가 될 수 있습니다. 이런 이야기들을 나누기 힘들다면 책을 읽고 대화하는 것을 추천합니다.

초등 고학년부터 읽을 수 있는 인문학책들이 많이 나오고 있습니다. 하나 걱정되는 것은 저학년 친구들이 그 책들을 읽고 있다는 것입니다. 모든 것은 때가 있습니다. 아이가 활자를 읽는다고 해서 그 흐름까지 이해할 수는 없습니다. 역사나 철학에 굉장히 관심이 많은 아이가 아닌 이상 고학년에 읽기 시작해도 충분합니다.

아이들의 머릿속에서 생각하고 있는 고민을 인문학책을 통해 꺼낼 수 있습니다. 수업을 진행해 보면 평소에 꺼내지 못했던 깊은 생각들을 말하는 경우가 많습니다. 그 대화를 부모님과 한다면 얼마나 좋을까요? 나의 아이가 생각이 없다고 불평하는 부모님들께 생각이 없는 것이 아니라 대화가 없는 것이라고 말씀드리고 싶습니다.

문해력과 인문학이 요즘 추세입니다. 쏟아지는 책들을 보면서 유행으로 끝나버릴까 걱정이 되기도 합니다. 더불어 초등 고학년부터 읽을 수 있는 좋은 책들도 많이 보이고 있습니다.

생각을 할 수 있는 바탕을 집에서부터 만들어야 합니다. 아이에게 채워진 배경지식을 학교에서 펼칠 수 있게 해 주세요. 잘난 척을 하고 다른 아이들을 이기고 오라는 말이 아니라 아이의 말과 생각이 다른 누군가에게 도움이 될 수도 있다는 말입니다.

10대 청소년들이 생각이 없다고 합니다. 생각이 없는 것은 모두 어른들 탓입니다. 처음부터 혼자 해낼 수 있는 사람은 없습니다. 어떤 사람도 어려운 책을 쉽게 읽지 못합니다. 책이 친구가 될 수는 없어도 책과 절교하지 않게 해 주세요.

책은 인간이 만든 최고의 작품이라고 생각합니다. 책을 읽고 대화하면서 제대로 된 생각을 가질 수 있고 그런 사람들이 모여야 살만한 사회가 될 수 있습니다. 우리 아이들이 사는 미래가 불투명해서 속상하시다면 우리 아이에게 책을 읽혀 주세요.

영어 원서를 읽어 왔다면

이제는 챕터북 도전하기

○ ○ ○

문학작품은 아이의 마음을 채워줍니다. 역사, 철학과는 다른 모습으로 아이들을 달래줍니다. 주인공의 마음과 공감하면서 나의 마음을 키우고 상처를 치유할 수 있습니다. 챕터북을 이미 읽고 있는 친구들도 많겠지만, 첫 도전 하는 친구들을 위해 이번 장을 쓰고 있습니다.

우선, 한글책 체크를 해 보세요. 보통 고학년들이 보는 책들은 300페이지 정도의 분량을 가집니다. 책의 분량에 따라 수준이 갈리는 것은 아니지만 긴 호흡을 가지고 읽을 수 있는 능력이 있어야 합니다. 단숨에 읽는 것과는 또 다릅니다. 성빈, 한빈이는 책을 나눠서 읽습니다. 보통 3~4일,

어렵거나 긴 책은 1주일에 걸쳐서 읽는데 흥미가 사라지거나 하지 않습니다. 좋은 책은 아이들을 계속 부르니까요.

한글책 독서가 충분하고 영어 원서를 읽어왔다면 챕터의 세계로 들어갈 때가 되었습니다. 영어책 고를 때 주의하실 점 이젠 숙지 되셨을 것이라고 봅니다. AR점수가 전부는 아닙니다. 예를 들어『Flindle』(번역본:『프린들 주세요』)는 AR레벨이 5.4(미국 5학년 4개월의 어휘 수준)이지만 번역본은 초등학교 3학년 국어 교과서에 실려 있을 만큼 쉽고 재미있는 책입니다. 반대로『Hope for Flowers』(번역본:『꽃들에게 희망을』)는 어른들을 위한 책으로 나왔기 때문에 AR점수가 정확하지는 않지만 3점대 전후에 위치해 있어서 쉽게 읽을 수 있습니다. 그렇지만 철학적인 질문에 대해 생각해 봐야 하는 책이라 번역본은 초등학교 5학년에 수록이 되어있습니다.

스스로 책을 선택하고 즐길 수 있을 때까지는 도움이 필요합니다. 내 스스로 책을 고르기에는 우리가 살던 시대보다 책의 양도 많아지고 양서를 고르기도 더 힘들어졌습니다. 재미를 위한 책을 읽는 것이 가장 중요하지만, 좋은 책에서 재미를 발견할 수 있게 하는 것도 엄마의 역할입니다.

챕터 북은 미국 아이들의 학년에 맞춰 레벨이 정해지기 때문에 한, 두 단계 낮춰 시작하면 좋습니다. 한국 5학년이라면 미국 3학년 기준인 3점~4점대 레벨의 책들을 읽어보면 좋습니다. 웬디북, 동방북스 같은 온라인 원서 서점의 메뉴를 잘 살펴보세요. 굉장히 세심하게 레벨, 종류, 취향으로까지 정리되어 있습니다. 그중에 아이에게 선택권을 주세요. 표지가 마음에 들거나 내용이 호감 가는 내용부터 고를 것입니다.

또 다른 방법은 도서관을 활용하는 것입니다. 책의 느낌을 직접 느껴볼 수 있고 내용을 훑어봤을 때 너무 어렵지 않은 책으로 고를 수 있습니다.

취향이 없는 친구라면 엄마가 골라주는 것이 제일 나은 방법입니다. 취향이 없어서 고생했던 성빈이는 그게 오히려 장점이 되어서 어떤 책을 주어도 끝까지 읽게 되었습니다. 취향을 알기 힘들다 해도 속상해하지 마세요.

챕터북에 진입할 때 문제점은 종이 질입니다. 우리나라 책들의 하얀 종이와 다르게 회색빛의 갱지와 검은 활자는 책이 재미없어 보이게 하기 마련입니다. 요즘은 화려하게 나온 책도 많으니 그런 쪽으로 찾으셔도 됩니다. 취향이 확고해서 컬러풀하고 재미있는 책만 찾던 한빈이도 갱지챕터를 제법 읽습니다.

결국은 끊임없이 고르고 선택하고 도전하는 것이 최선의 방법입니다. '설마 이 두꺼운 책을 읽겠어?'라고 걱정하지 마세요. 걱정을 제일 많이 했던 사람이 저라고 자부할 수 있는데, 아이들은 엄마 생각보다 더 빠르게 성장하고, 엄마보다 훨씬 더 크게 성장합니다. 그러니 걱정하지 마시고 도전해 주세요.

수상 작품들은 천천히 도전하세요
○ ○ ○

뉴베리상을 비롯한 아동 도서에 주어지는 상들이 있습니다. 보통 그해에 출간된 어린이책 중에 가장 뛰어난 책을 선정해서 상을 수여합니다. 책이 아이들에게 줄 수 있는 모든 것들을 담고 있는 책이라고 할 수 있습니다.

챕터북을 읽기 시작하면 수상작들에 대한 부담이 몰려오기 시작합니다. 도서관 추천 도서와 더불어 필독 도서까지 이름부터가 반드시 읽어야만 할 것 같은 느낌이 듭니다. 그 느낌은 엄마만 받는 것입니다. 아이는 아직 준비되어 있지 않는 경우가 많습니다.

책은 상을 받았다고 더 좋고, 아니라고 덜 좋은 것이 아닙니다. 아이가 재미있어야 하는 것이 1순위입니다. 상을 받은 작품의 경우, 인간의 내면에 대한 성찰이 들어가 있는 경우가 많습니다. 그런데 우리 아이가 아직 천진난만하다면 내용이 공감되기 힘듭니다.

더불어 리딩 레벨도 고려해야 합니다. 이제 챕터북을 도전할 시기라면 읽고 사색해야 하는 어려운 책들은 천천히 도전하는 것이 좋습니다.

책은 흥미, 재미, 취미입니다. 흥미 있는 분야의 책을 읽어야 재미가 있고 그래야 취미가 될 수 있습니다. 어머님들은 지금 영어 공부를 위해 어려운 책을 읽히는 것이 아니라 평생의 취미를 만들어 주려고 애쓰고 있다는 사실 기억하세요. 그 결과가 아이의 생각과 지식을 늘려주는 것이지 공부가 우선이 되면 안 됩니다.

꼭 읽어야 할 것 같은 책은 없습니다. 시기와 때를 맞춰 읽을 수도 있고, 읽지 않고 지나갈 수도 있습니다. 우리가 문학상을 받은 책을 다 읽고, 상 받은 영화를 다 보지 않으면서 아이들에게만 강요할 수는 없습니다.

어떤 책을 골라야 하나 고민될 때 최적의 선택이 될 수는 있습니다. 수상작은 전문가들의 시선에서 가장 어린이들에게 해가 되지 않고 유익한 책이기 때문에 아이가 읽었을 때 배울 점들이 아주 많습니다. 챕터북을 즐겨 읽고 부담이 없는 상황이 된다면 수상작 중에 하나씩 골라볼 수 있는 것입니다.

5장

중등 영어로 발전하기
(예비중 이상)

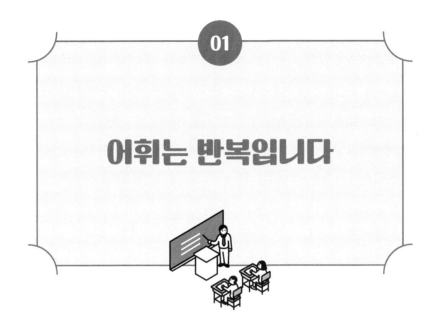

어휘는 반복입니다

어휘의 수준을 높이자

○ ○ ○

교과서마다 조금씩 다르긴 하지만 우리나라 중학교 교과서의 AR 지수는 중3의 경우 3.0~6.1까지 분포합니다. 평균 레벨은 4.1, 미국 초등학교 4학년 수준입니다. 그렇다면 어휘 공부를 늦게 해도 되겠다는 생각이 들 수 있습니다. 이것은 중학교만을 놓고 보았을 때입니다. 고등학교 1학년의 평균은 7.1, 고2의 평균은 8.0 모의고사는 8.9, 최종인 수능은 9.5입니다. 작년 수능의 경우 10점대가 평균이라는 기사도 나왔습니다.

중등 교과 과정의 영어 공부만으로는 고등학교를 대비할 수 없습니다. 중등 3학년 이후 세 단계 레벨 업된 고등과정을 만났을 때의 당혹감은 클

수밖에 없습니다. 다른 과목의 난이도도 뛰는데 영어의 어휘마저 아이들을 힘들게 하면 안 됩니다.

여기서 수치상으로 단계가 수직으로 상승하는 것을 보면서 두려워하지 않아도 됩니다. 돌려 말하자면 중3의 레벨이 미국 초등학교 4학년 수준, 고1은 중1 수준의 어휘가 있어야 하는 것입니다. 미국과 한국 학년의 레벨을 맞춰서 시작하지는 않았지만 따라잡을 수 있습니다. 아이들의 학습 능력은 더 향상됐지만 어휘의 난이도는 낮아졌기 때문에 충분히 진행할 수 있습니다.

앞서 말한 챕터 북들의 레벨도 3점대부터 6점대까지에 많이 포진되어 있습니다. 책을 읽는 것은 재미와 감동 지식을 쌓을 수 있는 것도 있지만 어휘의 확장도 크다는 것을 기억해야 합니다. 문학책을 읽을 때 모르는 단어를 모두 다 찾아보면서 학습하기 힘듭니다. 단어 앞뒤의 문장들을 살피면서 유추하는 능력을 기르게 됩니다. 즉 아이가 암기하고 있는 단어는 초중등의 단어이지만 이해하고 있는 단어는 그 이상이 될 수 있다는 것입니다.

더불어 어려운 단어들은 한글 뜻도 이해하기 힘든 경우가 생깁니다. 여러번 강조하지만 모국어 실력이 중요합니다. 영어와 한국어는 떼어서 생각할 수가 없습니다. 우리말 대부분을 차지하고 있는 한자어 또한 알고 있어야 수준 높은 단어들을 암기할 수 있습니다. 단어 뜻을 모르면서 암기한다는 것은 굉장히 어리석은 일입니다.

암기가 암기만으로 끝나지 않고 문장, 문맥 안에서 활용이 되기 위한 과정을 계속해서 쌓아가고 있는 것입니다. 모든 언어는 어휘의 수준이 있습니다. 어렸을 때 쓰는 어휘와 청소년기에 쓰는 어휘는 다릅니다. 어른이 쓰는 어휘와 전문가가 쓰는 어휘는 또 다릅니다. 청소년의 시기에 접어들면서 아이의 어휘를 쓸 때 국어, 영어 글쓰기에서도 모두 좋은 평가를 받을 수 없습니다.

어휘의 수준을 높이는 것을 미루지 마세요. 듣기와 더불어 어휘는 기본 바탕입니다. 중학생이 된 후에 아이의 어떤 면이 발전할지 모릅니다. 암기할 시간이 없다는 핑계가 진짜 현실이 되는 시기가 오게 됩니다. 그 전에 조금씩 더 챙겨주세요.

중등 후반부, 고등 어휘 준비하기
○ ○ ○

6학년 여름방학에 중등 어휘를 시작했다면 조금 더 속도를 내고, 중등 중반부를 넘어가고 있다면 꼼꼼히 챙길 시기입니다. 앞 장에서 말씀드린 것처럼 중등 후반부 어휘는 기본 어휘와 숙어를 모두 챙겨야 합니다. 교재를 2~3회 회독을 하면서 단어, 뜻의 확장, 문장, 품사까지 모두 채우면 더 좋습니다.

어휘는 완벽해질 수 없고, 바라지도 말아야 합니다. 욕심을 부릴 것이 아니라 조금씩 조금씩 확장해 나가는 것입니다. 내가 지나간 곳의 70%만 가지고 간다고 생각하고 진행해야 합니다. 더불어 어휘만 암기하는 것은 비효율적인 방법입니다. 반드시 알려드린 것처럼 모든 영역을 골고루 챙겨주어야 진짜 활용할 수 있는 자신의 어휘가 됩니다.

중1, 2 정도 시기부터는 고등 단어를 준비할 수 있습니다. 고등어휘의 레벨은 내신과 수능이 다르고 모의고사도 다릅니다. 결국은 차례대로 진행할 수밖에 없습니다. 고등학교는 학교마다 시험 출제 및 내신 방향도 모두 다릅니다.

우리 아이가 어느 학교에 갈지도 모르기 때문에 중학생일 때 최대한 포괄적으로 어휘들을 챙기는 것을 추천합니다. 고등 어휘집의 경우 출판사마다 다른 포지션을 취하고 있는데요. 기본적으로 필수 영단어를 기본으로 숙어와 수능용을 따로 편성하기도 하고 한 권으로 고교 핵심 어휘들을 교재에 담기도 합니다.

가장 먼저 학습해야 하는 단어장은 고교 필수 영단어입니다. 가장 기본을 먼저 채워야 합니다. 수능 단어를 암기하는 것은 나중의 일입니다. 어떤 영어 교과서를 받을지 모르는 상황이기 때문에 중등 과정이 마무리되었다는 판단이 들면 고등 필수 영단어 교재를 학습하면 됩니다. 중학교에 따라 내신 시험이 어렵게 나오는 곳도 있으니 고등 필수 영단어가 필요한 시기가 먼 미래가 아닐지도 모른다는 점을 생각해야 합니다.

고등 단어가 부담된다면 중등 후반기의 단어를 더 챙기는 것도 방법입니다. 아이들의 성향에 따라 학습 방법은 무궁무진합니다. 스펠링을 완벽하게 외우고 싶은 친구가 있다면 그렇게 진행해도 무방합니다. 반복을 많이 할수록 단어 교재의 어휘들이 내 것이 될 확률이 높아지기 때문에 중등을 더 확실하게 잡아도 됩니다.

중등 후반기든 고등 영어단어든 분명한 것은 어휘 학습은 쉬운 것이 아니라는 것입니다. 모든 공부는 매일 늘 그렇게 하듯 하는 것입니다. 아직도 아이가 힘들까 봐 시작하지 못하는 분은 없겠죠? 초등학교 저학년 때 말 그대로 그냥 놀기만 하면 아무 습관이 잡히지 않은 채로 초등학교 남은 기간을 습관 잡느라 모두 보내게 됩니다.

계획을 잡고 공부하는 것은 아이들의 자유를 뺏는 것이 아니라 자율성을 더 키워줄 방법의 하나입니다. 나에게 맞는 책을 고르고, 공부 방법을 선택하고, 내가 하고 싶은 일에 대해 최선을 다할 수 있는 바탕을 만들어주는 과정입니다.

어른들은 이미 다 압니다. 하고 싶은 분야의 전문가가 되기 위해서는 기본부터 탄탄해야 한다는 것을요. 기본이 탄탄하다는 것은 노력을 해봤다는 의미입니다. 20대가 되기 전 아이들이 노력해 볼 수 있는 분야 중 가장 만만한 것이 공부입니다.

어떤 영역도 지루하고 성실한 노력 없이는 빛을 볼 수 없습니다. 그 연습을 하고 있다고 생각해 주세요. 그저 지겨운 공부라고 아이들은 소리칠 수 있지만 습관이 된 아이들은 그렇지 않습니다. 습관으로 성취감을 맛보게 해 주세요.

02

듣기 평가 준비

듣기 평가란

○ ○ ○

중등 과정에서 듣기평가는 시, 도 교육청에서 주관하는 듣기 시험으로 학교마다 다르게 진행합니다. 보통 1년에 2번 진행하며 영어 수행평가 점수에 들어갑니다. 교육청에서 실시하는 듣기평가의 난이도는 평이합니다. 아이들이 너무 느리다고 지루해할 정도입니다.

듣기 평가가 수능 영어에서는 현재 배점이 37점이나 됩니다. 아무리 쉽다고 하더라도 수능 듣기는 만만한 영역은 아닙니다. 듣기 평가는 설명을 듣고 정보를 찾아내거나 두 사람의 대화를 듣고 대화의 맥락을 이해하는 스타일의 문제가 나옵니다.

정보 하나하나 빠지지 않고 들어야만 답을 알아낼 수 있습니다. 지문을 눈으로 보는 것이 아닌 귀로 들어서 풀어야 합니다. 지문을 다시 볼 수 없고 두 번 들려준다고 하더라도 첫 번째 들을 때 정보를 정확히 잡지 않으면 혼란스러움에 실수할 수도 있는 영역입니다.

지금까지 듣기를 해 왔다면 듣기평가에 있어서 자신감을 가져도 됩니다. 영상 흘려듣기를 하면서 도대체 듣고는 있는가에 대한 의문도 많으셨을 것입니다. 너무 어려운 듣기가 아닌 이해가 가능한 듣기는 유추 능력을 키워 줍니다.

듣기 평가 방법을 이제야 소개하는 이유가 있습니다. 듣기마저 학습으로 진행한다면 영어는 정말 재미없는 과목이 될 것입니다. 그래서 시간이 오래 걸리지만 쉽고 효과가 좋은 방법으로 진행해 온 것입니다.

앞으로도 흘려듣기는 계속 진행합니다. 아이가 좋아한다면 더더욱 좋고요. 들리는 말들이 많아질수록 아이는 영어 영상을 찾을 것입니다. 영어 영상을 부담스러워한다면 듣기 평가 교재는 반드시 활용해야 합니다.

듣기 평가 체크하기

○ ○ ○

❶ 검색으로 활용하기

영어 듣기 평가를 검색하고 "전국 중·고등학교 영어 듣기능력 평가" 사이트로 들어갑니다. 그곳에는 2006년부터 2023년 1학기(현재)까지의 영어 듣기 평가 음원이 올라와 있습니다. 문제의 경우 시, 도 교육청 홈페이지에서 받아볼 수 있는데 검색하실 때 학년과 연도를 구체적으로 입력하면 더 쉽게 찾을 수 있습니다.

❷ 중학 듣기 기출 교재로 체크하기

듣기 평가 문제들을 모아놓은 교재를 따로 구매하셔서 활용하는 방법입니다. 영어 듣기를 전혀 하지 않았던 친구라면 이 교재부터 활용해야 합니다. 듣기 실력이 어느 정도 갖춰진 친구라면 활용하기에 많이 쉽습니다.

❸ NELT 시험으로 확인하기

앞에서 소개했던 넬트 시험으로도 체크할 수 있습니다. 시험을 보면 듣기가 몇 학년 수준이고 나의 실력을 파악할 수 있습니다. 테스트 결과로 교재를 선정해서 학습할 수 있습니다.

듣기 교재 활용 방법
○ ○ ○

교재마다의 레벨은 다르지만, 교재의 구성은 비슷합니다. 듣기 평가 문제와 지문의 내용을 받아쓰는 내용으로 구성이 되어 있습니다. 이 기준은 예비 중등 6학년 학생을 기준으로 정했음을 알려드립니다.

❶ 학습 횟수

체크해 본 실력이 나의 학년보다 2개 학년 위라면 군이 듣기 평가 연습을 시작할 필요가 없습니다. 쉽고 흥미 있는 영상들을 더 볼 수 있게 해 주면 됩니다.

체크한 실력과 학년이 같거나 한 학년 위라면 듣기 평가 교재로 연습하는 것을 추천합니다. 많은 양을 할 필요는 없습니다. 주 1회 주말을 이용해서 1시간 안쪽으로 매주 훈련하게 해 주세요.

체크한 실력보다 학년이 더 높을 때 집중 훈련이 필요합니다. 방학 때는 매일 훈련을 통해 레벨을 올려야 하며 학기 중에도 주 2~3회는 반드시 듣기 평가를 진행해야 합니다.

❷ 교재 활용 방법

듣기 평가를 진행하는 시간은 2~30분 정도 소요됩니다. 듣기를 진행한 후 받아쓰기를 진행합니다. 받아쓰기의 경우 스펠링을 틀린다면 단어 암기도 시간을 들여서 해야 합니다. 하나씩 채점을 해도 좋지만, 정답을 알고 받아쓰기할 때 암기의 여지가 있기 때문에 두 개를 다 진행한 후에 채점하는 것을 추천합니다.

교재 한 권을 진행하다 보면 많이 틀리는 유형이 있을 것입니다. 유형별로 듣기평가 훈련을 할 수 있는 교재도 있으니, 추가로 구매해 훈련해도 좋습니다. 한 권을 진행하고 나면 다음 레벨의 책을 진행하면 됩니다.

중2 정도에 고1 영어 듣기 평가를 다 맞을 수 있다면 나쁘지 않습니다. 중3부터는 수능 듣기 만점이 나올 때까지 연습하는 것을 추천합니다. 듣기가 편안한 친구라면 시간을 많이 들일 필요가 없지만 그렇지 않다면 반드시 훈련하게 해 주세요. 수행 평가 점수, 수능에서의 37점 배점은 큰 점수입니다. 무엇보다도 부족한 부분이 생겼을 때 채우려고 하는 노력이 꼭 필요합니다. 노력을 해 본 사람이 성취도 느낄 수 있기 때문입니다.

03

독해의 방법

직독 직해

○ ○ ○

독해를 시작하는 3, 4학년에는 완벽한 문장을 만드는 연습을 해야 한다고 앞 장에서 언급했습니다. 우리나라 문장과 영어 문장 구성의 차이점을 알고 적용할 수 있어야 합니다. 문법을 들어가기 전 두 언어의 문장 구조의 차이점을 구분할 수 있을 정도가 되어야 새로운 층을 쌓을 수 있습니다.

직독 직해는 읽고 곧바로 이해되는 것을 말합니다. 읽자마자 독해가 된다는 것은 영어 독해에서 가장 상위의 능력을 말합니다. 누구나 바라는 구간입니다. 그런데 영어와 우리말의 어순이 다르다 보니 직독 직해라는 것이 우리말의 어순을 바꿔서 해석하게 된다는 점에서 한국식 독해, 시험용 독해라는 오해를 받기도 합니다.

독해를 처음 시작할 때 직독 직해하게 되면 영어를 제대로 쌓을 수 없게 만듭니다. 직독 직해 방법은 어휘량도 많이 채워져야 하고 문법 지식이 있어야 가능한 방법입니다. 거기에 저는 한글과 영어의 문장 구조에 대한 이해도 필요하다고 생각합니다. 이 방법으로 기초를 다졌다면 직독 직해를 도전해야 합니다.

영어 문장을 전체적으로 살피고 우리말로 고치는 과정은 시간이 오래 걸립니다. 단순하게 생각해도 시험을 볼 때 시간이 오래 걸리는 것은 좋은 것이 아닙니다. 직독 직해하게 되면 문장의 해석 속도가 빨라집니다. 영어 문장 구조를 파악하는 데도 도움이 됩니다. 주어+동사로 연결되는 영어 문장의 구조가 익숙해지기 때문에 독해의 효율도 좋아집니다. 동사를 찾아내는 것이 해석에 있어서 굉장히 중요한 역할을 합니다.

단순히 모든 단어를 순서대로 뜻을 이어 말하는 것이 직독 직해가 아닙니다. 의미가 있는 구간을 나누고 덩어리들을 해석해야 합니다. 내신형 교재로 나온 교재들은 끊어 읽기 자료들을 제공합니다. 처음부터 아이들이 의미를 나누어 끊어 읽기에는 너무 어렵고 거의 불가능하므로 나누어져 있는 문장들로 연습하게 됩니다.

레벨이 올라가면서 점점 더 복잡한 문장들을 연습하게 됩니다. 이때 문법, 어휘가 반드시 뒤따라주어야 합니다. 레벨을 올라가면서 어휘의 확장은 당연히 필요하다고 생각하면서 문법은 느리게 진행하는 경우가 있습니다. 세 영역을 동시에 실력을 키워야 합니다.

문장이 복잡해진다는 것은 문법이 더 필요해진다는 이야기입니다. to

부정사, 수동태, 관계대명사 등 문장을 해석할 때 중요하게 작용하는 문법들을 계속 모르고 있다면 직독 직해의 의미가 없어집니다.

끊어 읽기가 되어 있는 문장들로 직독 직해를 연습하면서 결국엔 스스로 의미를 끊어 읽는 수준에 오르는 것이 목표입니다. 중등 과정의 영어는 직독 직해를 배우면서 의미 단위를 파악하는 것이 중점이 되어야 합니다.

🍏 리딩 튜터, 리더스 뱅크, 리딩 릴레이 스타터 시리즈

중등 독해 교재들 중에서 활용하기 좋은 교재들입니다. 초등 과정부터 고등 과정까지 단계별로 있습니다. 이외에 중등 과정 교재들을 다양하게 학습할 수 있게 지도해 주세요. 하나의 교재만으로 한 학년의 실력이 다 쌓일 수는 없으니까요.

구문 독해
○ ○ ○

구문이라고 하는 것은 많은 문법 규칙이 모여 만들어진 문장 중에서도 자주 나타나는 영어의 표현 방식을 말합니다. 영어 레벨이 높고 이미 영어 해석이 편안한 친구들은 필요가 없기도 하지만 보통의 친구들은 고등 과정에 들어가면 구문 독해라는 말을 듣게 됩니다.

문장 학습의 중요성은 고등 영어에서 강조됐는데 이제는 중등에서부터 연습할 수 있게 교재들이 나오고 있습니다. 의미를 끊어 읽는다는 것이 직독 직해와 비슷합니다. 구문 독해의 경우 문장 안에 알맞은 문법을

적용할 수 있는 능력까지 필요합니다. 구문은 문법과 떼어놓고 학습할 수 없습니다

두 용어를 구분하는 것은 사실 무의미합니다. 대신 학습 방법의 우선으로 따지자면 직독 직해를 연습하면서 구문 독해의 길로 들어서게 된다고 할 수 있습니다.

🔵 천일문 Starter 시리즈

정말 유명한 천일문 시리즈의 중등 버전입니다. 문법과 구문을 같이 공부할 수 있는 특징이 있습니다. 초등 문법의 기본을 배웠다면 중등 과정에서 활용할 수 있는 교재입니다. 문법 학습과 함께 문장 끊어 읽기 연습을 할 수 있다는 것이 가장 큰 장점입니다.

중등 문법 다지기

문법이 왜 필요한가요?

○ ○ ○

문법 공부라고 하면 따분하고 지루하고 재미없는 것으로 치부합니다. 게다가 쓸모없고 의미 없는 것으로 여겨지기도 합니다. 중, 고등 시절의 문법은 시험을 잘 보기 위한 도구라며 비판하기도 합니다. 우리나라의 영어 시험이 문법의 오답을 만들기 위한 도구로 사용되어서 그런 오명을 쓰게 된 것이 아닐까 싶습니다.

"나는 내일 아침에 밥을 먹었어."라는 문장을 보면 이상합니다. 내일 일어날 일인데 동사는 과거형입니다. 문법은 언어를 시간과 장소, 쓰임에 맞게 규칙적으로 배열해 주는 역할을 합니다. 언어는 사회 속에서 질서를 유지하는 데도 필요합니다. 규칙을 아는 것에 대해 왜라는 질문이 붙는 것이 이상한 것입니다.

우리 말은 일상적으로 쓰고 어렸을 때부터 배우기 때문에 문법을 따로 배우지 않고도 터득할 수 있습니다. 하지만 글을 쓸 때의 문법은 따로 배워야 합니다. 외국어 문법은 말하고 쓰기를 할 때 배워야만 하는 영역입니다.

영어 문법을 배우는 가장 좋은 방법은 영어로 이해하고 배우는 것입니다. 그렇지 못하기 때문에 한문으로 된 용어들을 배워야 합니다. 이 이야기를 하려면 우리나라에 서양 문물이 어떻게 들어오게 되었는지부터 시작해야 하고, 개선의 여지가 없었다는 비판을 하기엔 우리나라 근대의 역사 또한 쉽지 않은 역사였습니다.

현실에 대해 비판하는 것도 좋지만, 그것이 나쁜 것만은 아님을 알게 해 주는 것도 교육입니다. 그냥 하라는 말보다 최소한 문법이 언어의 중요한 부분이라는 것을 이해시키면서 진행하는 것이 낫습니다.

대학 입학 후 영어가 필요 없으리라 생각하고 문법 공부를 대하면 이렇게 재미없고 지루한 공부가 없습니다. 아이들의 생각은 결국 태도에서 나오게 됩니다. 더 큰 꿈을 꿀 수 있게 현재 하는 학습의 가치를 깎아내리지 마세요.

엄마의 인생에 영어의 문법이 필요 없었다고 해서 아이들까지 그렇게 되라는 법은 없습니다. 아시다시피 영어는 대학 입학하면 본격적으로 필요한 언어입니다. 아이가 학습하는 모든 영역이 결국 아이의 바탕이 된다는 것을 잊지 마세요.

문법을 시험용이라고 생각하지 말고 언어를 더 깊게 이해할 수 있는 도구로 생각하는 것이 더 옳은 방향입니다. 우리가 배우는 것 중 사회에 해악을 끼치는 일 외에는 필요 없는 배움은 없습니다. 아이들이 한 분야의 공부, 혹은 경험을 꺼릴 때 크게 생각할 수 있는 방향으로 이끌어 주세요.

문법은 암기와 적용입니다

○ ○ ○

'단순 암기'는 공부를 대할 때 좋지 않은 방법으로 여겨집니다. 하지만 암기 없이는 지식은 나의 것이 될 수 없습니다. 암기는 장기기억으로 저장을 시키려는 방법의 하나입니다. 지식이 장기기억으로 저장되기 위해서는 반복, 암기, 적용이 필요합니다.

반복은 습득할 수 있게 만듭니다. 리더스를 반복해서 읽으면서 사이트 워드를 습득하게 됩니다. 외우려고 한 것이 아니라 외워진 상태가 됩니다. 아이들이 자라면서 배우는 육체적 행동들은 모두 반복에 의한 습득입니다. 먹으려는 생각만으로 숟가락질을 배울 수는 없습니다. 최소 몇 달간의 반복 훈련으로 습득하게 됩니다. 습득하는 동안 빨래의 양은 기하급수적으로 늘어나게 됩니다.

암기는 외워서 잊지 않는 상태를 말합니다. 아이들의 육체적 행동들은 본능에 의한 거라면 암기는 의식을 하면서 잊지 않으려고 노력하는 활동을 말합니다. 전화번호를 외우고, 동시를 외우고, 좋아하는 가사를 외웁니다. 구구단을 외우고, 영어 단어를 외우는 과정입니다. 암기는 목표로 가는 과정이고 방법입니다.

반복과 암기를 통한 장기기억을 만들고 이것을 실제로 적용하는 것이 문법의 목표입니다. 적용까지 가는 과정은 길고 지루하므로 그곳까지 닿기가 힘듭니다. 지루한 공부의 표본이 됩니다.

학습을 진행할 때 다양한 방법으로 접근하는 것을 추천합니다. 교재, 인터넷 강의, 온라인 퀴즈 등 다양한 방법으로 반복하는 것이 그나마 덜 지루해지는 방법입니다. 문법은 한 번에 깊게 진행하는 것이 아니라 가볍게 여러 번 훑으면서 감을 잡는 것이 중요합니다. 절대 한눈에 들어올 내용이 아니고 반복하려면 지루하기 때문입니다.

어떤 공부든 '습'이 중요하지만, 문법은 '습'이 없으면 절대 내 것으로만들 수 없는 영역입니다. 한두 번 쌓았다고 연결이 되는 것이 아닙니다. 1회독을 할 때 알아듣지 못한다고 타박하면 안 됩니다.

초등 문법 교재를 지금까지 학습해 왔다면 중등 문법 교재로 한 번 더쌓아 올라가야 합니다. 이번에는 암기가 될 만큼의 반복이 필요합니다. 3년 후 본격적으로 적용을 하기 위한 바탕이라는 것을 잊지 마세요.

강의를 들으면 좋습니다
○ ○ ○

문법은 강의를 함께 들으면 좋습니다. EBS 중학(무료, 프리미엄) 강남구청 인터넷 수능방송(중등부)의 강의를 추천합니다. EBS의 기초 강의들은 교안도 선생님들이 직접 올려주시는 경우가 많습니다. 초등을 복습하고 중등을 시작하기에 부담이 없습니다. 강남구청 인터넷 강의는 저렴하고 질이 좋기로 유명합니다. 사설 인터넷 강의들처럼 많은 교재들이 들어가 있는 것은 아니지만 1년에 5만 원이라는 수강 비용으로 수준 높은 강의를 들을 수 있습니다.

문법 교재는 말씀드린 것처럼 교재마다 큰 차이가 없습니다. 강의를 맛보기로 들어보고 나서 교재를 선택해도 괜찮습니다.

다른 영역은 혼자서도, 혹은 엄마의 도움으로 진행하는 데 무리가 없지만 문법은 강의를 참고 하는 것을 추천합니다. 강의 분량에 맞게 규칙적인 공부를 하는 것이 효율적입니다. 지루한 문법을 선생님이 같이 진행해 준다는 점에서 꾸준히 진행할 수 있는 의지도 생깁니다.

중등 문법 교재는 어휘처럼 필수 문법들을 싣고 있습니다. 어떤 책을 선택한다고 해도 비슷할 테니 아이가 좋아하는 스타일로 고른 후 강의를 찾아보는 것도 좋습니다. 강의가 진행되는 교재는 표지에 강의가 진행되고 있는 사이트를 공지하는 것이 보통입니다. 혹은 자체 홈페이지에서 진행하기도 합니다. 아이에게 맞는 교재, 맞는 강의를 찾아 꾸준히 학습할 수 있도록 지도해 주세요.

원서를 좋아하게 되었다면

소설에 도전합니다

○ ○ ○

영어가 좋다면 원서도 잘 읽고 있을 것입니다. 좋아하는 분야는 확장이 수월합니다. 챕터북의 단계를 쌓고 뉴베리 및 수상작들도 읽어왔을 것입니다. 영어 실력이 일정 수준 이상 된 학생 중 원서를 더 좋아하는 아이들이 있습니다. 번역서가 아닌 원서를 읽는 재미를 알게 되면 이제는 걱정할 일이 없습니다.

남의 집 이야기가 아닙니다. 초등학교 입학 후 꾸준히 정성을 들였다면 가능한 이야기입니다. 영어는 언어라고 뻔한 명제를 계속해서 강조하고 있는 이유가 이것입니다. 엄마표 영어를 진행했지만, 책을 사랑하는 것과는 거리가 먼 아들 형제를 키웠습니다. 절교까지는 가지 않게끔 독서를 이끌어 왔습니다. 그 결과 몰입 독서를 즐기는 아이들이 아니지만 책을 읽는 것에 부담을 가지지 않는 아이들이 되었습니다.

작가의 모국어로 된 책을 읽을 수 있다는 것은 정말 축복입니다. 모국어에는 그 나라의 문화와 역사가 묻어납니다. 언어 자체의 뉘앙스와 특징이 살아납니다. 우리나라 작가의 한글책, 미국 작가의 영어 원서를 읽으면서 각각 다른 언어의 맛을 느낄 수 있게 됩니다.

그러니 읽기의 끈을 놓지 말아야 합니다. 마지막 챕터에 이 이야기를 싣는 이유는 독서의 힘이 얼마나 큰지 말하고 싶었기 때문입니다. 모국어보다 뒤늦게 시작한 영어가 결국은 동등한 위치에 오게 되고 두 언어가 서로 융합되는 것은 대단한 일이 아니라 자연스러운 일입니다. 영어책 읽기는 늦더라도 쫓아오게 해주세요. 5, 6학년에 챕터 북을 읽기 시작해도 늦은 것이 아닙니다.

청소년기에 읽게 되는 소설의 특징은 초등학교 때 읽는 책들과는 다른 결을 가지고 있습니다. 사건이 복잡해지고 생각할 거리가 많아집니다. 유토피아가 아닌 디스토피아를 읽을 수도 있습니다. 세상을 살아가면서 생기게 되는 수많은 감정을 직접 경험이 아니라 간접 경험으로 체험할 수 있습니다.

감상 말하기를 도전합니다

○ ○ ○

소설을 읽을 수준의 친구라면 말하기 연습도 같이 진행하는 것을 추천합니다. 책을 읽은 후 감상을 말하는 연습을 하면 좋습니다. 생각을 말하는 것이 아직 힘들다면 줄거리를 말로 표현해 보는 연습을 하는 것을 추천합니다.

화상 영어를 진행 중이라면 선생님과 함께 진행하는 것도 좋습니다. 책의 내용을 함께 나누는 작업은 아이에게 성취감을 주게 됩니다. 내용을 말하는 것부터 시작해서 감상을 말하는 과정까지 발전할 수 있도록 해 주세요.

종종 책을 읽고 책의 내용 파악을 아주 잘하는데 생각을 잘 말하지 못하는 친구들이 있습니다. 그 친구의 성향이 문학적이지 않거나 아직 정서적으로 어렸을 경우 그럴 수 있습니다. 이런 점은 나이가 들면서 발전하기도 하지만 가벼운 주제부터 생각을 말하는 연습을 한다면 도움이 됩니다.

감상을 나눌 수 있는 수업으로는 북클럽 수업들이 있습니다. 온라인 독서 모임을 잘 찾아주면 아이의 발전에 큰 도움이 됩니다. 국제학교나 유학을 준비하는 것이 아니더라도 말하기 능력을 키워놓는 것은 나중에 큰 자산이 되기 때문에 할 수 있는 친구들은 반드시 경험하게 해 주세요.

생각 쓰기를 도전합니다

○ ○ ○

소설을 읽을 정도의 수준으로 자랐다면 이제는 써야 합니다. 쓰기가 생각만큼 되지 않는다고 걱정할 것이 아니라 수준을 높여줄 수 있는 방법들을 생각해야 합니다. 책을 읽고 감상문을 쓰는 연습을 해 봅니다. 영어로 생각을 쓰기가 힘들다면 한글로 써 보는 것도 방법입니다. 한글로 쓴 후 자기의 글을 영어로 바꿔보는 것도 좋은 방법의 하나입니다.

쓰기 영역은 언어의 발달 과정 중 마지막 단계입니다. 생각을 정리하고 기록한다는 것은 최고의 성장입니다. 짧은 글로 시작하였다 하더라도 결국은 한 편의 글을 쓰게 될 것입니다.

쓰기 역시 혼자 진행하기 힘들다면 전문가의 도움을 받는 것을 추천합니다. 앞서 말한 북클럽들은 쓰기를 같이 진행하는 경우가 많습니다. 내가 하고자하는 마음이 있다면 선택지는 많습니다. 이런 수업들은 필요에 의해 개설이 되는 경우가 많기 때문에 오프라인 수업에서는 찾기가 힘듭니다.

원서를 읽고, 토론하고, 글을 쓸 수 있는 아이가 되었다면 미래의 시간을 버는 것입니다. 이런 아이들은 상상 속 아이들이 아닙니다. 멈추지 않고 꾸준히 영어를 진행했던 아이 중, 영어에 마음이 열린 친구들의 결과일 뿐입니다.

초등학생 시기에 원서와 친해지게 되면 영어가 쉬워집니다. 영어를 시작하는 것은 엄마의 의도지만 영어와 친해지는 것은 아이의 영역입니다. 꾸준히 무엇인가를 한다는 것은 힘든 일임에는 분명합니다. 반대로 생각하면 인생을 살아감에 있어서 꾸준히 하지 않으면 아무것도 되지 않는 것 또한 사실입니다.

아이에게 미래를 알려주고 싶다면 책을 읽혀주세요. 책을 읽고 대화하고 쓰게 해 주세요. 성빈이의 이번 달 에세이 과제는 '어떻게 돈을 벌 수 있을까?'라는 주제였습니다. 성빈이는 벼룩시장, 중고거래 같은 현실적인 돈을 벌 수 있는 이야기들을 생각했다고 합니다. 주제에 관해 이야기를 나누면서 영어를 지금처럼 쌓아가는 것은 미래의 시간을 아끼는 일이고, 그것은 지금 할 수 있는 최선의 경제 활동이라고 말을 해 주었습니다.

어리니까 준비할 수 있습니다. 시간이 오래 걸리더라도 꾸준함을 심어 줄 수 있고 생각을 키워줄 수 있습니다. '우리 아이는 늦었어.'라고 포기하기보다는 지금이라도 시작해 보는 것을 추천합니다.

영어 듣기가 편해졌다면

영어 듣기가 완벽히 편해지지는 않습니다. 우리말도 주제와 난이도에 따라 이해하기 힘든 예도 있으니까요. 영어가 편해진다는 말은 100% 완벽히 이해했다는 것이 아니라 내가 듣고 싶은 주제를 골라 들을 때 거리낌이 없다는 말입니다.

영어를 좋아하는 친구라면 드라마, 영화, 애니메이션은 당연히 이미 보고 있을 것입니다. 이런 친구들도 비문학 분야의 영상들을 챙겨 보지 않을 수 있는데요. 초등 고학년 이상 친구들이 활용할 수 있는 논픽션 사이트를 소개하려고 합니다. 아이들이 좋아하는 주제에 대해 더 높은 수준의 정보를 원할 때 알려주세요. 모두 무료로 활용할 수 있는 곳들입니다.

Breaking News English

○ ○ ○

브레이킹 뉴스는 신문 사이트입니다. 최신의 뉴스들이 올라오는데 한 가지 주제의 기사가 레벨 0부터 7까지 다양한 레벨로 서비스됩니다. 저학년용 기사는 레벨 0부터 3까지, 고학년용 기사는 레벨4 이상으로 제공되기 때문에 아이들의 수준에 맞춰 기사를 정하기에도 편리합니다.

기사마다 듣기 음원이 제공되기 때문에 듣기 훈련용으로도 좋습니다. 레벨에 따라 워크시트가 다양하게 주어집니다. 인쇄해서 볼 수 있게 파일이 제공되고, 읽기, 문법, 스펠링, 어휘, 띄어쓰기 등 학습할 수 있는 내용이 많아 선생님들이 많이 활용하는 사이트이기도 합니다. 기사들도 학생들의 시선에 맞춘 주제들이 다양하게 올라오기 때문에 시사 학습용으로도 아주 좋습니다.

Khan Academy

○ ○ ○

저보다 제 아들들이 좋아하는 사이트입니다. 이전 책에서도 추천했던 사이트입니다. 쉽게 말해 미국 유치원 단계부터 고등과정까지 모든 수업을 영상으로 학습할 수 있는 사이트입니다. 전문과정의 강의들도 있습니다.

성빈이와 한빈이는 이 사이트를 특히 '수학' 정보를 찾는 데 사용합니다. 과학 영상의 경우 유튜브에서도 쉬운 것부터 어려운 전문가들의 이야기까지 많이 찾아볼 수 있습니다. 수학의 경우는 내가 원하는 특정 부분만 강의 된 것을 찾기가 힘듭니다. 이때 이 사이트를 활용하면 내가 듣고 싶은 무엇이든 들을 수 있습니다.

세밀하게 커리큘럼이 나뉘어져 있으므로 내가 알고 싶은 영역에 대해 검색할 때도 편리합니다. 혹은 특정 과목이나 학년의 수업을 차례대로 들을 수도 있습니다. 전문가의 설명을 듣고 문제도 풀어볼 수 있습니다. 문제는 풀지 않더라도 아이들이 자기가 원하는 정보를 찾을 수 있는 보물창고 하나쯤 있다면 학습 과정에서 큰 도움이 됩니다.

Ted ed

○ ○ ○

성빈이의 Ted ed는 재미로 시작되었습니다. 바로 Ted ed riddle이라는 채널입니다. 이런저런 정보들만 알려주고 빨간 벽돌집에 사는 것은 누구인가?와 같은 수수께끼였는데 흥미로웠는지 매일 보던 시절이 있었습니다.

그 후 Ted ed에도 관심을 가지기 시작했습니다. Ted의 학생 버전이라고 할 수 있는 Ted ed는 연설로 유명합니다. 또래 학생들과 전문가의 훌륭한 연설을 보고 듣고 배울 수 있습니다. 발표력을 키우고 싶은 학생에게는 강력히 추천할 수 있는 사이트입니다.

성빈이는 Ted ed 영상에서도 연설이 아닌 지식 설명해주는 영상을 좋아합니다. 엄마의 욕심은 연설이지만 입을 꼭 닫고 있습니다. 좋아하는 것을 하다 보면 다른 곳에도 눈을 뜨겠거니 하고 기다리고 있습니다.

어느 분야든 초급의 길을 걷고 나면 중급의 길이 기다리고 있습니다.

레벨업은 기쁘기도 하지만 또 다른 어려움이기도 합니다. 지식을 습득함에 있어 재미가 없다면 레벨업은 힘들기만 한 여정입니다.

초등학교 입학하고 영어를 시작해도 레벨업이 가능할까? 하는 생각을 할 수 있습니다. 해보지 않고는 모르는 일입니다. 무엇인가를 시작할 때 걱정하고 고민하기보다는 일단 시작하는 것이 제일 나은 방법입니다. 아이의 영어 방향은 어디로 흐를지 모릅니다. 그때그때 아이가 원하는 방향으로 틀어주면서 진행하는 것이 최선입니다.

당장의 결과를 바라며 영어를 시작하지 않았습니다. 기대하고 압박을 했다면 아이는 영어를 싫어하게 되었을지도 모릅니다. 영어에 있어서 100% 맞는 커리큘럼은 없습니다. 시도해보고 안 되면 수정하면서 진행하는 것이 최선입니다.

학원을 보내지 말고 엄마가 모든 것을 떠안으라는 이야기는 더더욱 아닙니다. 아이를 가장 잘 아는 사람으로서 아이의 바탕이 될 것들을 준비해 주어야 한다는 이야기입니다. 처음부터 자기가 무엇을 좋아하는지 아는 아이는 없습니다.

영어를 앞서서 진행했고, 중급 단계에 안착했다고 생각하는 지금 이제 시작을 준비하는 엄마들에게 미리 짐작하지 말라고 말하고 싶습니다. 아이들의 발전은 언제 어떻게 시작될지 모릅니다. 아이들이 엄마의 생각보다 더 크게 자란다는 것은 분명합니다.

07

중학교 가기 전 준비해요

중학교 정보 탐색

○ ○ ○

중학교 입학 전 학습적인 부분들도 채워야 할 부분이 많지만, 중학교 생활에 있어서 미리 알아두면 좋은 것들이 있습니다. 우선 아이가 갈 중학교의 학사 일정을 체크하는 것입니다. 아직 학교가 정해지지 않았어도 지역 안의 몇 개의 중학교 3개 정도로 추려집니다. (학교가 너무 많아 추려지지 않는다면 중학교가 결정된 후 살펴도 됩니다.)

학교 홈페이지에 들어가서 학교에 관한 내용들을 파악할 수 있습니다.

❶ 언제 첫 시험을 보는지 알 수 있습니다.

- 자유 학년제가 학기제로 바뀌면서 1학년 2학기 때 대부분의 학교가 첫 시험을 봅니다. 학교마다 1학기 때 시험을 볼 수도 있으니 체크해 보세요.

❷ 대강의 학사 정보를 알 수 있습니다.

- 학교마다 공지를 올려놓는 정도가 달라 차이가 큽니다. 체험학습, 수행평가, 교내대회 등 지난 몇 년간의 정보를 찾아보면 학교의 학사 정보를 짐작할 수 있습니다.

❸ 교과목에 대한 정보를 알 수 있습니다.

- 세계사는 보통 중2 때, 한국사는 중3 때 배웁니다. 이것 또한 학교마다 다르니 체크해 보세요. 세계사와 역사는 암기할 부분이 많으므로 배우기 전 학기의 교과서나 책을 통해 읽어보고 수업을 듣는 것이 좋습니다. 미리 읽고, 수업을 듣고, 시험 기간에 암기를 하게 되면 3회 독은 하게 됩니다. 시험 준비를 할 때 적절하게 시간 배분을 하려면 미리 준비를 해 두는 것이 좋습니다.
- 과학은 물리, 화학, 지구과학, 생물 분야로 나뉩니다. 두 분의 선생님이 두 과목씩 진행하는 경우가 많은데 1년 동안 배울 내용을 과목별로 나누기도 하고 전체를 다 같이 진행하기도 합니다. 미리 알아두면 혼란스러움을 줄일 수 있습니다.

중1 입학 예정인 친구들을 상담해 보면 학교에 대해 전혀 모르는 친구들이 많습니다. 어머님들께 알려드려도 바빠서 못 보는 경우가 많습니다. 6학년 때 미리 봐두면 불안감이 줄어듭니다. 우리 아이는 어디 가서도 잘 적응할 거라고 믿고 싶지만, 중학교 입학은 초등학교 입학 이후로 아이들 인생에 가장 큰 사건입니다.

아이들은 학사일정보다 학교에 들어가서 어떻게 친구를 사귈까를 더 고민합니다. 교복은 어떻게 입어야 하는지도 고민합니다. 친한 친구와 같은 학교, 같은 반에 배정되기를 바랍니다. 아시다시피 그렇게 되는 경우는 거의 없습니다. 아이들의 바람일 뿐입니다. 이 상황에서 아이가 갈 수 있는 학교에 대한 정보를 함께 알아가는 것은 아이의 부담감을 줄일 수 있는 방법의 하나입니다.

마음의 대비를 한다는 것은 한숨 돌릴 시간을 번다는 말과 같습니다. 내일 당장 어느 과목 수행평가를 해야 된다는 말을 듣는 것만큼 황당한 일은 없습니다. 초등학교와 너무 다른 중학교 사정은 아이들도 적응할 시간이 필요합니다. 중학생이 되었으니 자기 주도가 짠하고 되기를 바라지만 아이들은 그 과정에 있을 뿐입니다. 중학교 3년을 잘 준비해서 고등 때부터 진정한 자기 주도로 갈 수 있게 해 주어야 합니다.

교과서 문학을 접하게 해 주세요

○ ○ ○

6학년은 마음이 바쁜 시기인 것을 압니다. 수학, 영어 진도 쫓아가기 바쁜 것도 압니다. 하지만 책을 놓지 말아 주세요. 아이가 좋아하는 분야의 소설도 좋고, 학습을 위한 지식 책도 좋으니 책 읽기는 꼭 함께 할 수 있게 해 주세요.

해야 할 것이 너무 많아서 책 읽을 시간이 없다고 합니다. 작년에 문학 수업을 진행하던 6학년 친구들의 일정이 너무 바빠져서 수업을 없앤 적이 있습니다. 책을 제대로 읽을 새도 없는 상황을 극복해 보려고 했지만 불가능했습니다. 아이들을 지치게 하는 것이 속상했습니다. 하루에 조금씩은 책을 읽게 해 주세요. 아이의 뇌가 스스로 생각할 틈을 만들어 주세요. 중학교를 위한 과제도 중요하지만, 독서도 아이의 인생에 중요하다는 것을 놓치지 마세요.

모든 근현대 문학을 읽지 않아도 됩니다. 읽기에는 아직 어려운 내용, 정서에 맞지 않는 내용들도 많습니다. 요즘에는 중등 학년별로 책이 잘 나와 있습니다. 중1 교과서에 수록된 문학 작품들을 모아놓은 책을 읽고 대화를 나눠주세요.

요즘 교과서에는 전문이 실려 있는 경우도 많지만 보통 발췌본이 실려 있습니다. 중학교 입학하고 전문을 찾아 읽는다면 좋지만, 문학을 좋아하는 친구가 아니라면 학기 중에 찾아서 볼 일은 거의 없습니다. 교과서에 실린 문학 작품들은 우리나라 국민이라면 읽어야 할 기본이라고 할 수 있습니다. 공부로 접근하기 전 역사를 동반한 이야기로 받아들일 수 있게 해 주세요.

비문학 분야를 챙겨주세요.

○ ○ ○

문학의 경우 전문을 읽는 것이 좋으니, 교재보다 책을 우선으로 보는 것이 좋습니다. 대신 비문학을 챙길 수 있는 교재와 월간지, 신문을 챙겨 주세요. 교재는 비문학 지문을 읽고 문제를 푸는 독해 연습입니다. 수능에서 국어가 어려워져서 준비하는 것이 아니고 아이가 앞으로 읽게 될 비문학 지문들에 대한 연습이라고 생각해 주세요.

독해 교재 학습은 매일 꾸준히 하는 것이 최선입니다. 독해 교재는 인문, 사회, 과학, 기술, 예술, 융합 영역들의 지문을 읽고 내용 파악에 대한 문제들을 풀게 됩니다. 처음에는 낯설었던 주제들이 교재를 다양하게 풀어갈수록 익숙해집니다. 처음 듣는 주제에 대해 정보를 찾아내는 실력도 향상됩니다.

비문학 교재학습을 지루해한다면 월간지를 추천합니다. 도서관에 따라 월간지도 대출이 가능한 곳들이 있습니다. 주제와 대상도 다양하니 좋아하는 분야로 읽을 수 있게 해 주세요. 수학, 과학, 논술, 시사 등등 전문 잡지들의 최신 시사들은 아이들의 관심 분야를 확장해 줍니다. 초등 고학년부터 읽게 되는 월간지들의 내용은 가볍지 않습니다. 이제 본격적으로 나의 길을 찾아가는 데도 도움이 될 수 있습니다.

시사에도 조금씩 관심을 두게 해 주세요. 중등 입학 후 6년만 지나면 아이들은 성인이 됩니다. 세상의 일에 관심을 가지지 않고 산다고 해도 큰 일은 나지 않습니다. 하지만 내가 사는 사회에 대해 많은 것을 알고 생각할 줄 아는 아이들이 많아져야 한다는 것은 분명합니다. 요즘은 청소년을 위한 신문들도 여러 종류가 발간되고 있습니다.

아이가 중심입니다

○ ○ ○

초등학교 입학 시기가 되면 어머님들의 고민이 늘어납니다. 그 고민 중 영어가 차지하는 자리는 늘 3위안에 든다고 생각합니다. 영어 유치원을 다닌다는 친구, 원어민만큼 발음이 좋다는 친구들까지 우리 아이만 빼고 모두 영어를 잘하는 것 같이 느껴집니다.

엄마표 영어를 진행했던 사람이지만 수많은 수업과 상담을 통해 얻은 결론은 영어를 배움에 있어 늦은 시기란 없다는 것입니다. 모국어를 제대로 채우고 영어를 진행하는 것이 정답이라는 이야기도 드립니다.

6년이라는 시간은 정말 깁니다. 중학교, 고등학교에 다니고, 성인으로 치자면 대학교 4년, 석사과정 2년까지 할 수 있는 시간입니다. 인생에 있어서 가장 여유로울 수 있는 시기가 초등학교 6년입니다. 하루하루 아이는 자라고 많은 것들을 배우게 됩니다. 그 과정 안에 영어를 넣어주세요. 듣기부터 차근차근 채워주세요.

아이의 영어가 늦었다는 고민을 하지 말고 일단 시작해야 합니다. 우리 아이가 좋아하는 영상을 찾아 듣기를 시작하고, 알파벳에 관심을 가지면 확장해 줄 방법을 생각하는 것이 순서입니다.

영어는 단기간에 끝날 공부가 아닙니다. 초중고를 거쳐 대학에 들어가도 영어는 필요합니다. 즉, 단순히 시험을 잘 보기 위해 노력할 것이 아니라 기본을 탄탄히 해 주는 것에 중점을 두어야 합니다. 아이와 함께 영어가 자랄 수 있게 해 주세요.

영어 실력과 문해력을 키우는
우리 집 도서관

별책부록에서는 우리 집에서 직접 활용했던 책들, 대박이 난 책들, 쳐다보지 않은 책들까지 수록했습니다. 우리 집 찬밥이 여러분의 댁에서 사랑받을 수도 있기 때문입니다. 그리고 둘 이상의 아이를 키우는 분들은 너무나 잘 아실 것입니다. 아이마다 좋아하는 것이 정말 다르다는 것을요. 제 아이들 역시 취향이 달랐습니다.

수많은 정보 중의 우리 아이와 맞는 정보를 찾는 것이 가장 중요합니다. 그렇다면 정보 자체를 많이 소유하고 있어야 합니다. 정보수집의 첫 번째는 질이 아니라 양입니다.

별책부록에서는 정보의 양을 채울 수 있는 자료들을 담았습니다. 세상에는 좋은 책과 나쁜 책이 있는 것이 아니라 재미있는 책과 없는 책으로 나뉜다는 것 꼭 기억하세요. 남의 집 대박 책이 우리 집 쪽박이 될 수도 있습니다. 그리고 그 쪽박이 다시 몇 년 후에 대박이 되기도 합니다. 반드시 아이가 좋아하고 재미있어하는 책을 찾아주세요.

초등 입학 시기에 독서는 중요 순위에서 빠지지 않습니다. 한글책, 영어책 할 것 없이 많이 볼수록 좋습니다. 한글책 독서도 점점 발전해야 하고 영어도 너무 뒤처지지 않아야 합니다. 두 언어의 격차가 커질수록 아이들은 영어책을 보지 않으려 하기 때문입니다.

초등 입학 시기 혹은 그 후에 영어를 시작했지만, 언어적인 호기심이 많은 친구들이 있습니다. 혹은 엄마의 입장으로 아이가 더 많은 영어 배경을 쌓기를 원하시는 분들도 계십니다. 이 책을 읽는 분들은 어쩌면 두 가지 모두 해당하실 수도 있습니다. 영유아기 때 영어를 하지 못했다고 걱정하기보다는 이제 모국어를 알고 문맥을 이해하고 있는 시기에 영어 배경을 더 깔아주는 것이 현명한 방법입니다.

여기에 알려드린 책들 말고도 정말 좋은 책은 많습니다. 단지 직접 활용했던 책을 알려드리는 것이니, 이 책들을 기반으로 더 많은 책을 읽혀 주세요. 여러 권으로 구성된 책들이라 대표적인 책의 이미지만 실었습니다.

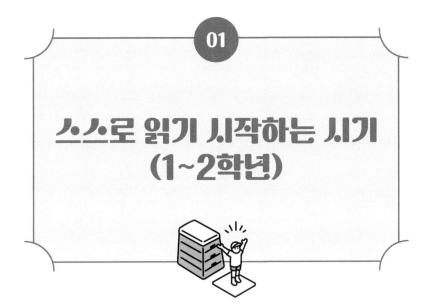

01

스스로 읽기 시작하는 시기 (1~2학년)

당연히 어렸을 때는 그림책과 동화책을 많이 읽어주었습니다. 언어를 배움에 있어서 책만큼 좋은 도구가 없다는 것은 진리입니다. 아이들이 읽기 독립을 하기 전까지는 정성 들여 책을 읽어주세요. 내가 할 수 없는 다양한 간접 경험들을 하면서 캐릭터와 교감하고 엄마와 소통할 수 있습니다. 읽기 독립의 시기가 오길 바란다면 그때까지 열심히 읽어주세요.

아이들의 읽기 독립 시기는 다 다릅니다. 아래 소개한 책 중 먼저 읽어준 책들이 더 많습니다. 엄마와 함께 읽었던 책 중 스스로 다시 읽는 책들이 생기면서 읽기 독립의 시기는 찾아옵니다.

책을 읽어줄 시간이 없었다면, 지금부터 읽어주세요. 그리고 매일 한 권씩 읽는 훈련을 해야 합니다. 변화는 짧은 시간 안에 찾아옵니다. 아이가 평생 보게 될 글자들에 대한 거부감을 줄이고 더불어 다른 언어로 관심사 확장을 위해 책을 읽게 해 주세요.

형식적으로 학년을 구분했지만, 아이마다 취향과 독서력은 다릅니다. 초등 전반에 걸쳐 활용할 수 있는 책들을 소개했으니, 저학년에 있는 책을 고학년이 읽는다고 걱정할 필요는 없습니다. 독서는 배경일 뿐입니다. 하나씩 떨어지는 함박눈이 밤이 지나면 소복하게 쌓여있는 것처럼 천천히 채워주시면 됩니다.

❶ 지식 독서 시작하기 좋은 책들

🌏 원리가 보이는 과학

Let's read and find out의 한글 번역서입니다. 실사가 아닌 그림으로 표현되어 있어 부드럽게 과학 정보를 전달해 줍니다. 생물 분야가 가장 많이 차지하고 있습니다. 과학적 원리를 어린이의 눈높이에 맞춰 설명합니다.

원서의 경우에는 AR 2점대부터 5점대까지 레벨이 다양하게 포진되어 있습니다. 과학 용어들 때문에 점수가 높게 책정된 편이라 과학을 좋아하는 친구라면 원서, 번역서 모두 보는 것도 추천합니다. 번역서와 원서의 차이가 1~2년 정도 차이가 납니다. 어렸을 때는 번역서를 보고 조금 커서는 원서도 도전하게 해 주세요.

책 출판연도가 오래되고 중고가 많다 보니 중고 가격이 저렴하고 도서관에도 많이 있습니다. 이 책은 한글로 먼저 본 후 다음에 영어로 보는 것을 추천합니다. 중급 이상의 영어 레벨로 올라가려면 비문학 어휘는 필수입니다. 한글이나 영어나 똑같습니다. 아이들이 좋아하지 않는다는 이유로 과학책을 비롯한 지식 책을 보여주지 않는다면 3학년부터 아이들이 힘들어하게 됩니다.

TIP

영어 읽기를 좋아하는 친구라면 한글 번역서를 읽고 바로 영어 원서를 보아도 좋습니다. 자연스럽게 영어와 우리말의 문장구조 차이 뉘앙스의 차이를 배울 수 있어요. 저희 아이들도 한글, 원서 다 읽었는데요. 우리 집은 영어 원서를 더 좋아했습니다.

● 생활 속 원리과학, 생활 속 사회 탐구, 개념씨 수학나무

초등 지식 전집 중에 사랑을 받는 출판사의 책입니다. 이제는 라인업이 더 다양해졌습니다. 전집은 장단점이 분명한 책입니다. 방대한 분야에 걸쳐서 아이들의 관심을 확인할 수는 있지만 억지스러운 스토리 라인이 어색할 때도 있습니다. 하지만 그런데도 전집 종류를 보는 것을 추천하는 이유는 아이의 관심사를 찾기 위한 방법에는 이만한 것이 없기 때문입니다.

직접 체험으로 알아볼 수도 있지만 집에 있는 책 중에서 자주 들고 오는 책이 바로 그 시기의 관심사가 되는 것이기 때문에 다양한 내용들을 접할 수 있는 전집의 장점이 더 크다고 봅니다. 역시 도서관에 비치된 책들이 많으니 우선 읽혀보세요.

우리나라 교육과정에서 사회와 과학은 3학년부터 배웁니다. 그렇다면 최소한 2학년 2학기 때는 사회, 과학의 내용들을 접할 수 있게 해 주어야 합니다. 책을 읽히는 이유는 아이가 공부를 잘하기 위해서가 아닙니다. 최소한 학교에서 선생님의 말씀을 들을 때 이해가 되어야지 무슨 말인지 모르는 상태가 되면 안 됩니다. 그렇게 되는 순간 아이들의 흥미는 떨어집니다.

사회, 과학, 수학을 예습할 때 학습지나 문제지를 활용하는 경우가 있습니다. 수학의 경우에는 여러 번 풀어봐야 하므로 당연히 필요하지만, 사회와 과학의 경우는 이해를 먼저 해야지 문제지의 정리된 내용을 보고 문제를 푸는 것은 저학년생에게 그다지 추천하는 방법이 아닙니다. 줄글로 읽는 힘을 키워주세요.

지식 책의 경우 아이의 이해 능력보다 너무 높게 가지 마세요. 성빈이의 경우 레벨 업을 하는 독서를 많이 진행했었습니다. 나중에 보니 빨리 독서 레벨을 올릴 필요가 없었습니다. 나이에 맞는, 수준에 맞는 책을 보는 것이 훨씬 더 아이에게 도움이 됩니다. 결국 7살 때 어렵게 읽은 책을 8, 9살 때 쉽게 읽게 됩니다. 그동안 독서를 꾸준히 했다면 말입니다. 반대로 한빈이는 자기의 흥미에 맞는 책을 학년에 구애받지 않고 읽었습니다. 결국 둘 다 책을 읽는 아이가 되었습니다.

🔵 사이언싱 톡톡(휘슬러)

하나의 주제에 대한 다양한 지식을 알려주는 재미있는 책입니다. 한빈이의 경우 지식 책을 정말 읽히기가 힘들었어요. 취향에 맞지 않았던 것입니다. 그러던 중 저 또한 다른 선배 맘의 추천을 받고 구매했었습니다. 지식 책을 잘 읽지 않는 형님이 있는데 이 책으로 흥미를 잡았다고요. 역시나 경험에서 나온 보물은 배신하지 않았습니다. 딱딱하지 않고 재미있습니다. 내용이 엄청 쉬운 것도 아니니 줄글 책을 잘 읽는 친구들에게 추천합니다.

과학책을 좋아하지 않는 고학년이라면 시작 도서로 추천합니다. 성빈이는 쉬운 내용이라서 굳이 추천하지 않았는데 정말 재미있게 읽었답니다. 사실 별책 부록에 소개된 책들은 초등학교 전반에 걸쳐서 언제든 읽으면 좋은 책들입니다. 단지 이해의 편의성을 위해 시작 시기를 정해놓은 것뿐입니다.

National Geographic Kids Readers

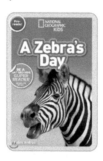

Let's read and find out 시리즈가 그림으로 그려진 과학책이라면 National Geographic Kids Readers는 선명한 실사가 장점인 책입니다. 성빈이와 한빈이는 영어 원서만 봤는데 이젠 한글 번역서까지 나왔습니다. National Geographic Kids Readers의 강점은 생생한 사진입니다. 리더스로 만들어졌기 때문에 단계별로 읽기도 좋고 레벨별로 읽기 능력을 향상하기도 좋습니다.

특히 pre readers와 1단계 책은 그림책으로도 손색이 없습니다. 리더스의 특징상 그림의 내용을 글로 표현했기 때문에 이해하기가 쉽습니다. 스스로 읽으려고 한다면 정말 좋은 읽기 연습 책이 됩니다.

이 책 역시 원서와 번역서 다 봐도 무방합니다. 만약 둘 중 하나만 읽게 된다면 원서로 읽는 것을 추천합니다. 리더스는 읽기 연습을 위해 만들어진 책을 말합니다. 즉, 영어를 소리 내서 읽는 훈련을 할 수 있는 책입니다. 한글로 번역된 내용에서 문학적인 재미를 느끼는 책은 아니니 되도록 원서를 읽혀 주세요.

ORD (Oxford Read and Discover, Oxford)

1단계부터 6단계까지 단계별로 구성된 리더스입니다. 픽션과 논픽션 두 종류로 구성되어 있어서 전체 책의 권수는 꽤 많습니다. 픽션 부분은 그림으로, 논픽션 부분은 사진으로 구성되어 있어서 주제별 읽기를 하기에 좋습니다.

한 가지 주제를 이야기책과 지식 책으로 볼 수 있기 때문에 흥미롭고 아이들의 관심을 확장하기에 수월합니다. 보통 좋아하는 스타일의 책만 보려고 하는데 이 책은 이야기를 풀어놓기도 하고 지식을 나열해 놓기도 했기 때문입니다. 역시 단계가 올라갈 때 폭이 작은 편은 아닙니다.

역시나 다양한 주제를 풀어놓고 있기 때문에 처음부터 다 읽는 것도 좋지만 취향에 맞는 책을 먼저 보는 것 또한 괜찮습니다. National Geographic Kids Readers보다는 어려운 편입니다. 영어 레벨에 따라 고학년 친구들이 읽어도 충분히 괜찮은 지식 책입니다.

> **TIP**
>
> 이야기책과 지식 책 둘 중 하나만 보려고 한다면 그냥 두셔도 무방합니다. 한빈이는 절대 끝까지 보지 않았습니다. 필수가 아닌 취향을 키우기 위한 과정이라고 생각하세요. 어떤 책을 읽더라도 읽는 것 자체에 응원해 주셔야 합니다.

❷ 문학의 문을 열어줄 책들

아직 문학이라고 하기엔 어린이들의 세상이지만, 그들의 세상이라고 감동이 없는 것은 아닙니다. 성빈, 한빈이는 한글 이야기책을 썩 좋아하지 않았습니다. 원서를 더 재미있게 봤습니다. 오히려 커가면서 이야기책들을 보기 시작했습니다. 모든 것은 때가 있고 가장 중요한 것은 취향이라는 것 잊지 마세요.

저학년 친구들이 일상에서 겪게 되는 소소한 이야기들이 들어있는 책입니다. 성빈, 한빈이는 정말 좋아하지 않았습니다. 예전에는 제 탓인가 싶기도 했었지만 결국 취향 문제였습니다. 저희 아이들은 지식 책을 보는 것이 조금 더 편했을 뿐입니다. 어린이들만이 가질 수 있는 감정에 대해 공감할 수 있는 책입니다.

후루룩 읽는다고 내용을 체크하지 않아도 괜찮습니다. 그만큼 쉽게 읽히게 쓰인 동화들이기 때문입니다. 아이들이 이해할 수 있는 편안한 언어로 쓰여 있습니다.

우리 아이의 일상에서 겪지 못한 일들을 책으로 읽음으로써 타인의 감정을 이해하는 방법을 배울 수 있습니다. 고학년의 두꺼운 문학책들을 읽기 전의 단계이기 때문에 재미는 기본적으로 보장이 되어 있습니다.

TIP

지식 책을 더 좋아하고, 아직 공감을 잘 못하는 남자친구들이라면 흥미를 못 느낀다고 슬퍼하지 마세요. 제가 그랬던 엄마라서 드리는 말씀입니다. 아이들의 정서가 덜 큰 것이 아니라 그저 재미 탓이었습니다.

🎧 시공 주니어 문고 (시공사)

역시 단계별 독서가 가능한 문고판 책입니다. 저학년일 때는 1단계를 추천합니다. 독서력이 뛰어난 친구들이라면 더 빠르게 올라가도 문제가 없지만, 독서는 천천히 단계를 음미하는 것이 더 중요하다고 봅니다. 어차피 1년 뒤에는 다 읽게 되어 있습니다. 좋은 책 어린이 문고와 더불어 아이들을 위한 재미있는 문고판 책입니다. 외국 작가의 책들도 많이 들어 이 있어서 다양한 이야기를 읽을 수 있다는 장점이 있습니다.

> **TIP**
>
> 저희 아이들은 좋아하지 않았지만, 여러분의 아이들은 좋아하길 바라는 책이 랍니다. 원서로도 유명한 책들이 많이 포함되어 있습니다.

🎧 노부영(노래 부르는 영어) 시리즈

노부영은 문학의 시작인 동화책입니다. 유명한 원서를 가사로 삼고 노래를 입힌 책들을 말합니다. 300권도 넘게 있답니다. 영어 원서를 읽히고 싶은데 무엇부터 봐야 할지 모르겠다면 노부영 책들을 검색해 보세요. 좋은 동화책에 좋은 음악이 합쳐지면 더 이상 좋을 수가 없습니다. 특히 노부영의 음악은 귀에 거슬리지 않고 자극적이지 않아 정서적으로 아주 좋습니다.

엄마표 영어 시작하는 책으로 많이 활용하고 있기 때문에 영유아를 위한 책이라고 오해하기 쉬운데 절대 아닙니다. 어느 나이라도 상관없습니다. 오히려 7~9세라면 더 공감할 수 있습니다. 영어책의 수준도 다양해서 그림만 있는 책부터 AR 3점대까지 다양한 레벨이 포진되어 있습니다.

좋은 동화책은 아이의 마음을 채워주고 몇 년이 지나도 다시 찾게 만듭니다. 우리 집은 아직도 영어 동화책들을 다시 들춰보곤 한답니다.

> **TIP**
>
> 유튜브에 음원들이 거의 다 올라와 있어요. 음악을 먼저 들려주고 좋아한다면 책을 찾아보는 것도 좋습니다.

🔹 Dr.Seuss 시리즈

Dr. Seuss 시리즈는 리더스를 읽는 친구라면 한 번쯤은 꼭 거쳤으면 하는 시리즈입니다. 닥터 수스 상이 있을 정도로 유명하고 대단한 작가님의 책들인데요. 읽기 시작한 친구들을 위한 책이지만 재미와 위트가 가득

합니다. 첫 장은 한 문장으로 시작해서 마지막 장으로 가면 10문장까지도 읽게 만드는 마법이 있는 책이지요.

역사가 있는 책인 만큼 동양인 비하에 대한 이슈가 있기도 했지만 닥터 수스 재단에서 인정하고 절판하기로 했답니다. 시대의 흐름에 머리를 숙일 줄 아는 모습에 감탄했어요.

> **TIP**
>
> 캐릭터가 굉장히 독특하고 특이해서 싫어하는 친구들도 있습니다. 저희는 이 책들로 라임을 깨우쳤답니다. 책, 영상, 영화, 애니메이션까지 있을 정도로 사랑을 받는 캐릭터입니다.

🐾 Anthony Browne 의 동화책

원서도 번역서도 나무랄 것 없는 완벽한 동화책입니다. 전 세계적으로 굉장히 유명한 작가입니다. 그림으로 많은 이야기를 하는 분입니다. 캐릭터의 표정 하나로 아이들의 마음을 달래줍니다.

그림책의 캐릭터 중 Willy는 약하고 소심한 보통의 남자아이를 대변해 줍니다. 아이들이 용기가 없어 보이거나 유약해 보인다면 Willy를 만나게 해 주세요. 그리고 부모님도 같이 읽어주세요. 유약한 것이 아니라 배려심이 많은 것이고, 용기가 없는 것이 아니라 단지 조금 수줍다는 것을 알게됩니다. 아이들은 자기와 닮은 캐릭터를 만나면서 위로받습니다. 성빈이가 Willy에게 받은 위로는 제가 절대로 해줄 수 없는 것이었습니다.

앞 페이지부터 마지막 페이지까지 한 군데도 허투루 볼 수 없는 숨바꼭질과 예술이 가득한 책입니다. 작가님이 글을 쓰고 그림을 그리시기 때문에 되도록 원서로 보는 것을 추천합니다. 내용도 어렵지 않으니 충분히 가능할 것입니다.

> **TIP**
>
> 책을 보다가 책 안에 숨어 있는 비밀들을 찾는다고 서운해 하지 마세요. 찾고 찾아도 계속 나온답니다.

🔵 Julia Donaldson & Axel Scheffler 공동 작품들

세상에 이만한 콤비는 다시 볼 수 없을 것이라고 장담합니다. 글 작가이신 줄리아 도널드슨과 그림 작가인 악셀 셰플러의 동화책은 환상의 세계로 아이들을 이끌어 줍니다. 각각 다른 분들과도 작업하긴 하셨지만,

두 분이 같이 내신 책들은 고난과 역경을 거치지만 결국 행복에 다다르는 이야기의 여정을 보여줍니다.

여러 편 애니메이션으로 만들어질 정도로 사랑을 받는 작품입니다. 둘째 한빈이는 그루팔로를 좋아해서 영국에 가고 싶어 했었답니다. 저학년 영어 시작 시기라면 스토리가 있는 책들은 한글책을 먼저 보고, 글이 적은 그림책은 원서로도 추천합니다.

TIP

노부영 음악으로도 구성된 책들도 있습니다. 노래와 함께라면 영어를 더 쉽게 접근할 수 있으니 참고하세요.

❸ 단행본 고르기가 힘들다면

전집과 달리 한 권씩 출판된 책들을 단행본이라고 합니다. 작가의 세상이 그대로 펼쳐지고 다양한 재미와 흥미를 주는 책입니다. 도서관을 처음 방문했을 때 너무 많은 책에 무엇을 골라야 할지 모른다면 아래 알려드린 방법들을 활용해 보세요.

책과 친하지 않았지만 이제 책에 손을 내밀어 보려는 어머님들 많이 있을 것입니다. 그분들을 위해 추천하는 방법입니다. 저도 도서관에 가기 전에 미리 자료를 찾고 싶을 때 이 방법들을 활용합니다. 아이들의 책을 고르는 것도 해봐야 늡니다. 처음 시작하기가 어려울 뿐 점점 수월해질 것입니다.

🐾 교과서 수록 도서 (단행본)

교과서에 전문이 실리는 경우도 있지만 보통 발췌본이 실리기 마련입니다. 학년마다 교과서에 실린 도서들을 전문으로 읽는 것도 독서력을 키우는데 아주 좋은 방법입니다. 교과서에 실렸다는 것은 그 학년에 그 정도는 반드시 읽어야 하는 수준의 책이기 때문에 아이의 독서력을 체크하기도 좋습니다.

교과서에 실렸다는 것은 아이들에게 추천하고 싶고, 아이들이 그 학년에 느끼고 배워야 하는 내용들이 들어갔다는 말입니다. 독서 중에 가장 기본이라고 할 수 있습니다. 교과서 수록 도서는 인터넷을 검색하면 바로 알 수 있으니 꼭 챙겨서 보여주세요.

> **TIP**
>
> 아이들이 학교에서 배운 내용 중에 특히 재미있었던 이야기는 집에 와서 이야기하기도 합니다. 아이들의 입에서 나온 책은 꼭 챙겨주어야 합니다. 저희도 그렇게 해서 이야기책을 본 적이 몇 번 있습니다. 평소 이야기책을 좋아하지 않는다고 착각하고 있었던 저 자신을 반성하는 계기가 되었습니다.

🐾 도서관 사서 선생님의 추천

책을 가장 잘 알고 있는 도서관 사서 선생님들의 추천 도서를 살펴보세요. 도서관마다 매달 주제를 정해 책을 전시해 놓습니다. 단순히 하나의 연령대만을 위한 책이 아니라 어린이 열람실에 있는 책 중에 주제에 해당하는 책들을 전시해 놓기 때문에 쉬운 책부터 어려운 책까지 한 번에 접할 수 있습니다. 어떤 책을 고를지 모를 때는 전문가의 추천 도서를 보는 것이 가장 좋습니다. 책을 고르는 데 있어서 스토리만으로 고르는 것이 아닙니다. 아이들의 책이기 때문에 정서를 고려하고 디자인을 생각하고, 보통의 사람들이 놓칠 수 있는 부분들을 체크해서 추천하므로 믿을 수 있습니다.

여러 기관의 추천 도서

사설 논술 프로그램의 추천 도서들도 좋습니다. 사교육에서 진행하는 논술 수업에 쓰이는 도서들 또한 검증이 끝난 책들입니다. 아이들이 읽을 책을 모두 읽어볼 수는 없습니다. 그렇다고 생각 없이 책을 쥐여줄 수도 없습니다. 그럴 때 전문가의 추천을 챙겨보시는 것을 추천합니다. 보통 학년별로 구성되어 있기 때문에 고르기가 쉽습니다.

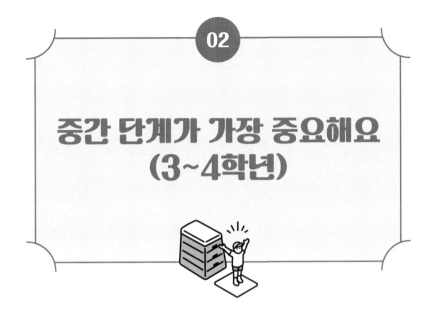

중간 단계가 가장 중요해요 (3~4학년)

학교에서도 더 이상 막내가 아닙니다. 학교생활 2년 동안 아이들은 키만 크는 것이 아닙니다. 6개월마다 커가는 아이들의 옷을 바꿔주시는 것처럼 책도 맞춤으로 챙겨야 합니다. 영어 또한 레벨을 올리려면 배경지식이 쌓여야 합니다. 모국어 먼저 채우게 잊지 마세요. 3, 4학년은 중간에 낀 학년이기도 하지만 저학년과 고학년을 이어주는 징검다리 역할을 합니다. 다지지 않으면 다음 단계로 갈 수가 없습니다.

❶ 지식 책의 단계를 올려요

🌀 뒤집기 시리즈 (수학, 과학, 사회, 국어)

　이 또한 사랑을 많이 받고 있는 전집입니다. 어려울 수 있는 개념들을 스토리텔링 방법으로 재미있게 풀어놓아 인기가 많습니다. 이 책을 읽는 시기는 아이마다 정말 다릅니다. 빠르게는 저학년 때도 읽고, 초등 고학년에 읽기도 합니다.

　이 책을 3, 4학년에 시작하기를 추천하는 이유는 저학년 때 읽어도 결국 중학년 때 다시 봐야 한다는 것입니다. 아이의 인지 능력이 아무리 빨리 자란다고 하더라도 정서적인 측면이 자라지 않는다면 맞지 않는 독서가 됩니다. 지식 책에 정서적 측면을 말하는 것이 이상하게 보이나요? 교과 과정이라고 하는 것은 아이들의 지적 능력뿐 아니라 정서적 능력 또한 감안해서 만들어지는 것입니다. 지금 읽고 있는 책의 이론이 과연 우리 아이가 이해할 수 있는 영역인가에 대한 질문을 계속 던져야 합니다.

시끌벅적 용선생 과학교실

책 구성이 정말 시원시원합니다. 가독성이 좋고 한 페이지 안에 들어

가 있는 내용들이 과하지 않습니다. '용선생' 시리즈는 뒤에도 계속 소개

할 예정인데요. 과학에 관심을 가지려고 하는 친구들이라면 추천합니다.

쉽게 풀어쓰긴 했지만, 이론을 소개하는 책이라 첫 과학책으로 보기에는

어렵습니다. 첫 과학책을 어려운 책으로 읽게 되면 흥미가 떨어지는 것은

당연한 결과입니다. 누가 읽는다는 소문을 따라가지 말고 우리 아이의 기

준에 맞춰야 합니다.

🐧 어스본 초등 영재 플랩북 (어스본)

Usborne 출판사는 지식 책으로 DK와 더불어 너무나 유명한 출판사
입니다. 원서를 번역해 출판했는데 우리 집에서도 굉장히 재미있게 봤습
니다. 방대한 지식을 플랩북 형식으로 풀어놓아서 플랩을 여는 재미가 있
습니다. 질문에 대한 답을 하면서 플랩을 열기도 하고, 추가 정보를 얻기
위해서 플랩을 열기도 합니다. 성빈, 한빈이는 어렸을 때부터 플랩북을
많이 접했습니다. 플랩북은 책을 읽는 형식을 바꿔서 지식에 대한 접근을
한결 편안하게 만들어 줍니다.

천합니다. 주제에 따라서는 훨씬 더 높은 레벨을 요구하기도 합니다. 대신 완벽한 쌍둥이책으로 활용이 가능하니 고학년 친구들은 도전해 보는 것도 추천합니다.

❷ 시야가 넓어진 만큼 읽기의 폭을 넓혀요

🔵 처음 인문학 동화

역사적으로 훌륭하게 기억되는 위인들을 일상으로 데려와 그들의 철학과 생각을 알려주는 책입니다. '소크라테스 아저씨의 축구단', '피카소 아저씨네 과일가게'처럼 제목부터 독특해서 아이들의 시선을 끌기에 좋습니다. 단순히 아이 혼자 읽어도 재미있지만 읽고 나서 엄마와 이야기를 나눈다면 더 큰 이해를 할 수 있는 책입니다. 시리즈의 이름처럼 인문학을 처음 만나는 아이들에게 알맞은 수준입니다.

저는 생각하는 인간을 만드는 것이 공부하는 인간을 만드는 것보다 더 어렵다고 생각합니다. 정의, 사랑, 평등 같은 누구나 알고 있는 의미들을 생각하는 아이들이 많아져야 장래가 밝습니다. 책을 읽고 거창한 토론을

해야 하는 것이 아닙니다. 읽고 나서 소소한 감정을 주고받는 것만으로도
아이의 생각은 자라게 됩니다.

🐾 비룡소 클래식, 시공주니어 네버랜드 클래식

어린이책을 잘 만드는 두 출판사의 완역본 문학 전집입니다. 어렸을 적 보던 축약본이 아니라 원서를 제대로 번역한 완역본입니다. 3학년보다는 4학년 때 읽기 시작하면 더 좋지만, 이상한 나라의 앨리스 같은 유명한 이야기들은 흥미가 있다면 3학년도 충분히 가능합니다. 책 자체가 두꺼워 긴 글을 많이 읽어본 친구들이 도전해 볼 수 있는 책입니다. 두께를 보고 겁을 먹는다면 챕터를 나눠 읽는 것도 추천합니다. 성빈 한빈이는 책을 늘 나눠서 읽었습니다. 챕터를 나누게 되면 부담이 줄어들게 됩니다. 한

호흡으로 빠르게 읽는 친구들도 있지만 나눠서 읽는 친구들도 많을 것입니다. 책을 완독하면서 끝까지 읽어낸다는 경험을 만들어 주기에 좋은 책입니다.

TIP

두 전집의 구성이 아주 비슷합니다. 어느 쪽을 선택해도 좋습니다. 긴 글을 끈기 있게 읽어보는 경험은 아이들에게 완독했다는 기쁨과 성취감을 줍니다. 가장 아이에게 익숙한 책부터 시작하세요.

Oxford Reading Tree (ORT)

리더스를 읽는 친구들에겐 교과서와도 같은 ORT가 왜 3, 4학년 추천도서에 있는지 의문을 가지는 분도 계실 것입니다. 파닉스 학습을 끝내고 이제 읽기를 시작한 친구가 ORT를 바로 읽기는 어렵습니다. 읽기 연습은 쉬운 단어, 현재형 표현부터 시작하는 것이 효율적입니다.

ORT는 영국 초등학생의 일상생활 이야기로 재미있고 권마다 유머 코드가 있습니다. 리더스이기 때문에 패턴을 가진 문장들을 익힐 수 있고, 그림과 글자가 일치해서 이해하기도 쉽습니다.

그렇지만 문장들이 과거형으로 쓰여 있기 때문에 첫 리더스로 활용하기엔 조금 버겁습니다. 물론 리더스를 많이 읽어온 친구라면 저학년 때라도 충분히 활용이 가능하지만 진짜 재미를 느끼려면 조금은 뒤로 미루는 것도 추천합니다. 5단계 이후에는 시간여행도 떠나는데 세계사의 기본도 알고 있어야 이해가 수월합니다.

> **TIP**
>
> 그렇게 인기 있는 ORT도 좋아하지 않는 아이는 있습니다. 저희 둘째처럼요!
> 첫째는 두 번 완독할 정도로 좋아했는데 둘째는 전혀 관심이 없더라고요.

🗣 Roald Dahl의 이야기 책들

이 시대의 최고 이야기꾼이라고 칭송받는 작가입니다. 어른의 입장에서는 말도 안 되는 괴짜 이야기이지만 아이들에게는 통쾌함을 주는 이야기를 쓰는 분입니다. 번역서, 원서 할 것 없이 추천합니다. 조금 어려운 수준이어도 재미가 있다면 도전해 볼 만합니다. 스토리의 즐거움이 레벨을 뛰어넘게 해 주기 때문입니다. 이야기 중 여러 편이 영화로 제작이 되었습니다. 성빈이도 Charlie and the Chocolate Factory를 영화로 먼저 보고 책을 보았답니다.

❸ 역사를 조금씩 알아가요

국어, 영어 같은 언어를 배우다 보면 과거로의 확장은 필수입니다. 결국은 '고전'을 배우게 되고 고전에서는 시대적 배경을 이해하는 것이 정말 중요합니다. 3학년 때 읽기 시작하는 책들은 역사를 편하게 접근할 수 있게 도와주는 역할을 합니다. 역사를 정말 좋아하는 친구가 아니라면 굳이 빨리 시작할 필요가 없지만 최소한 한국사는 5학년 2학기 전에 볼 수 있게 해 주세요. 역사를 알아가는 방법은 많습니다. 그중에서 저는 책을 추천할 뿐이지요.

지금 소개해 드릴 책 말고도 좋은 역사책들이 많습니다. 단지, 제가 이 전집들을 활용했던 이유는 가성비가 뛰어나기 때문입니다.

🌑 다양하게 출판된 책들

역사책도 굉장히 다양한 구성으로 출판이 되고 있습니다. 지식을 재미있게 풀어가는 책들이 많이 출판되어 있습니다. 아이들이 흥미가 없는 분야에 책을 선택할 때는 하다못해 표지에 그려진 캐릭터를 보고 고르기도 합니다. 책 표지를 봤을 때 마음에 드는 부분이 한 군데라도 있어야 첫 장을 걸어볼 수 있기 때문입니다. 즉, 역사책을 고를 때 아이와 함께 고르는 것도 좋습니다. 처음부터 방대한 전집을 보기보다는 가벼운 마음으로 볼 수 있는 책들을 추천합니다.

🍏 광개토대왕 이야기 한국사, 나폴레옹 이야기 세계사

역사는 과거의 인류가 어떻게 살아왔는지 알려주는 지표입니다. 3, 4학년 아이들이 역사적 사실의 숨은 뜻을 알아내거나 진지한 탐구를 하기 바라지는 않으시지요? 사실 역사책을 줄 때 싫어하지만 않았으면 했던 엄마가 바로 접니다. 이 전집들은 가장 큰 회사의 책은 아니지만 가성비 좋은 어린이 전집을 꾸준히 만들어 내는 출판사의 책들입니다. 내용도 좋고요. 역사책의 경우 전체적인 스토리를 먼저 보는 것을 추천합니다. 연표나 추가로 주어지는 지식은 아직 알지 않아도 괜찮습니다. 일단 시작해 보는 것입니다.

> **TIP**
>
> 우리 집에는 없지만 '으랏차차 이야기 한국사'도 아주 유명합니다.

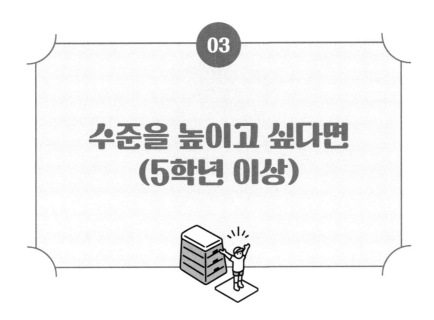

수준을 높이고 싶다면
(5학년 이상)

고학년이 읽을 전집을 추천하다 보면, 고학년도 전집을 읽히냐는 이야기를 듣습니다. 전집을 저학년 친구들이 읽는 책들로만 생각하기 때문입니다. 좋은 책은 늘 숨어있습니다. 고학년이 전집을 붙들고 읽을 시간은 많이 없지만 배움의 미래를 위해 바탕을 깔고 있는 친구들은 언제나 존재했습니다. 이제 읽을 전집들은 전집으로 분류되긴 했지만, 단행본의 모음 같은 스타일의 책들입니다.

🐟 채사장의 지대넓얕 시리즈

성인용 '지대넓얕'의 학생 버전 책입니다. '지적 대화를 위한 넓고 얕은 지식'이라는 긴 제목을 가지고 있습니다. 성인용은 3권으로 완간이 되었지만, 학생용은 아직도 출간이 진행되고 있습니다. 세상의 문을 열기 위한 준비운동을 시켜주는 책입니다. 만화와 줄글이 섞여 있고 중요 내용들은 정리도 되어 있습니다.

이 책은 읽은 후 반드시 이야기를 나누는 것을 추천합니다. 역사가 만들어져 오면서 세상을 크게 뒤흔든 사건, 발견, 이론 등을 설명하는데 혼자 이해하기 힘든 것들도 많습니다. 특히 정치와 경제 쪽 이야기도 들어가기 때문에 이해하기 어려운 부분은 설명해 주어야 합니다.

> **TIP**
>
> 이 책 신간이 나오는 것은 어떻게 알고 예약까지 할 정도로 좋아합니다. 여러 번 읽어도 좋은 책입니다.

🔵 법정 시리즈 (수학, 물리, 화학, 지구, 생물)

제가 아이들 책을 고르면서 정말 좋다고 생각하는 책들이 있습니다. 그럴 때 자꾸 겹치는 분이 계셨습니다. 바로 정상완 선생님이신데요. 이분의 다른 책들도 정말 재미있고 기발한 아이디어가 넘칩니다.

법정 시리즈는 과학과 수학의 이론을 설명하기 위해 '법정 다툼'이라는 소재를 사용하고 있습니다. 어떤 사건이 발생하고 옳고 그름을 따지는 과정에서 이론들을 증명하거나 설명합니다.

스토리텔링 스타일의 책 중 억지스러움이 적고 완성도가 높은 책입니다. 중등 친구들까지 충분히 볼 수 있습니다. 이 책 역시 너무 어릴 때 시작하지는 마세요.

> **TIP**
>
> 학교 독서 시간에 읽으면 좋은 책입니다. 역시 우리 집은 수학이 인기였습니다. 과학도 언젠가는 다 볼 것이라고 믿습니다.

🔵 앗 시리즈 (과학, 수학, 세계사, 지리)

이 책 또한 원서도 유명합니다. 원서의 번역본인데 엄마인 제가 보이에는 너무 중구난방이고 온갖 이야기가 다 들어있고 이렇게 정신없나 싶은데 아이의 눈에는 재미있습니다. 예를 들어 '수'가 주제라면 확장할 수 있는 주제들을 죄다 가져다 놓은 느낌입니다.

지식을 서술하면서 재미와 유머가 잘 섞여 있어 부담이 없습니다. 하지만 이론 자체는 쉽지 않기 때문에 지식 책을 어느 정도 읽은 친구들에게 추천합니다. 생각 없이 읽으면 기억이 하나도 남지 않는 책입니다.

TIP

원서의 수준은 두 단계 정도 더 높습니다. 최소 SR 5점대 이상 친구들에게 도전하는 것을 추천합니다. SR6,7점대 친구들도 문학만 본 친구들은 힘들 수 있습니다. 이 책은 편안하게 낄낄거리면서 봐야 하는 책입니다.
단어를 찾고 공부하는 책이 아니기 때문에 수월하게 읽으려면 수준이 어느 정도 갖춰져야 합니다. 어렸을 때부터 비문학 독서를 해야 하는 이유가 여기 있습니다.

🗣 **사물궁이 (사소해서 물어보지 못했지만 궁금했던 이야기) 시리즈**

대한민국 청소년이 추천하는 베스트 유튜브 채널 3년 연속 선정이 되

었을 정도로 재미있는 영상 채널입니다. 성빈이가 영상을 접하고는 너무 재밌다고 해서 책을 구매하게 되었습니다. 아이들이 학교에서 배울 때 늘 던지는 질문이 있습니다. 어디다 쓰냐는 질문이지요. 그 질문에 대한 답변이 될 수 있습니다. 일상에서 사소하게 궁금한 과학적 이야기들을 이론에 맞게 풀어낸 책입니다.

요즘 아이들의 추세에 맞게 구성이 복잡하지 않고 직관적입니다. 어려운 지식을 풀어낼 때 다가오기 쉽게 만드는 것도 중요하다고 생각합니다. 그런 점에서 가볍게 보지만 진지하게 생각할 수 있는 책임에는 분명합니다.

TIP

성빈이의 말로는 살아있는 동안 몰라도 괜찮은 것들인데 읽고 나면 정말 재밌다고 합니다.

🔵 한국사 편지

기초적인 한국사 책들을 읽어본 친구라면 5학년 2학기에 한국사를 배우기 전에 읽었으면 하고 추천하는 책입니다. 용선생 교과서 한국사를 비

롯해 비슷한 수준의 좋은 책도 많이 있습니다. 이 책은 편지 형식의 문체로 쓰여 있습니다. 마치 엄마가 이야기해 주듯 설명해 줍니다. 아이들이 읽을 때 편안함을 느낄 수 있습니다. 지루하기보단 조용한 느낌의 역사책으로 우리 집은 분량을 나눠서 매일 조금씩 읽혔습니다. 이 책은 추후 중학교 가서도 역사 배우기 전에 다시 한번 읽힐 예정입니다.

> **TIP**
>
> 이 책의 조용한 분위기가 맞지 않는 친구들은 용선생 혹은 다른 시리즈를 봐도 무방합니다.

🌑 The Story of the World

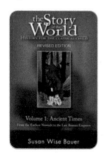 

유명한 세계사 책입니다. 세계 역사 이야기라고 번역서도 있습니다. 이 책은 세계사를 쉬운 말로 설명해 주는 것이 가장 큰 장점입니다. SR 5점 대 친구들이라면 무리 없이 읽어낼 수 있습니다. 단, 이게 첫 세계사 책이 되려면 영어 원서를 많이 읽어왔어야 가능합니다. 이야기책처럼 구성은 되어있지만, 우리가 흔히 알고 있는 세계사를 영어로 읽는다는 것은 용기가 필요한 일이니까요. 이 책의 단점은 동양의 역사가 거의 들어있지 않다는 것입니다. 우리나라 이야기는 중국 곁다리로 한 줄 정도로 표현이 되어 있습니다. 예전에 나온 책이다 보니 그런 면도 있습니다.

TIP

역사를 좋아하고 영어 또한 좋아한다면 추천합니다. 우리 집은 한글, 영어 둘 다 있지만 둘 다 인기가 없었습니다. 오히려 성빈이는 세계사 강의를 듣는 것이 차라리 나았습니다.

🌐 교양으로 읽는 용선생 세계사

15권이나 되는 두꺼운 세계사 전집입니다. 용선생 시리즈들이 지식을 객관적으로 서술하고 아이들이 좋아할 만한 전개 방식을 쓰고 있어서 많이 추천하고 있습니다. 이 책은 처음부터 끝까지 다 읽으려면 굉장한 인내심이 필요한 책입니다.

세계사를 통사로 끝까지 보게 하는 것은 역사에 엄청난 흥미가 있는 친구가 아니라면 당연히 힘듭니다. 우리 집도 읽다가 멈췄습니다. 아이들이 새로운 정보를 알게 되거나, 혹은 역사에 대한 이야기를 배워왔을 때 확장 독서의 개념으로 보조 자료로 쓰기에도 정말 좋습니다.

🔵 과학자가 들려주는 과학이야기, 수학자가 들려주는 수학이야기

이 책은 우리 집도 아직 시작하지 못했습니다. 조금 더 크면 읽히려고 저 혼자만 마음속으로 찜해둔 책입니다. 중등 이상 과정의 이론들을 설명하고 있으며 과학자와 수학자들이 자신이 발견한 이론을 설명하는 스타일의 책입니다. 독서력이 좋은 친구들은 더 일찍 읽을 수도 있습니다만 최소 5학년 이상은 되었을 때 시도하는 것을 추천합니다.

이제 아이들은 생각을 조금씩 하게 됩니다. 내가 하는 공부가 왜 필요한 것이며, 왜 세상을 재미있게만 살 수 없는지 등등. 어른이 봐서는 철이 없다고 드는 질문들을 아이들은 이제 시작하게 됩니다. 그때 어른 대신 조언을 해 줄 수 있는 책입니다.

공부, 법, 생명을 비롯해 아이들이 궁금해할 수 있는 것들에 대한 질문과 답이 나와 있습니다. 내가 나를 생각하고 나의 환경을 생각하려는 시기에 이런 책을 읽을 수 있다면 정말 도움이 될 것입니다. 역시 이 책도 아이와 대화를 꼭 나눠주세요. 아이의 생각은 엄마가 생각하는 것보다 훨씬 더 깊고 진지합니다. 더 이상 어린애가 아니라는 말이 절로 나오게 될 것입니다.

> **TIP**
>
> 인간이 사회에서 살아가면서 당연하게 느끼고 생각해야 할 것들이 있습니다. 요즘 아이들은 그런 대화를 할 시간이 너무 없습니다. 이 세상은 핑계가 너무 많습니다. 아이들이 진짜 배워야 할 것들에 시간을 쓰는 것을 낭비라고 생각합니다. 우리 아이만 잘되는 것은 아무 소용이 없습니다. 우리 아이만 잘된다

🔵 고정욱 삼국지

재석이 시리즈 및 수많은 아동 청소년 도서를 쓰신 고정욱 선생님의 삼국지입니다. 이 책은 지극히 개인적인 사심이 들어간 추천입니다. 고등학교 때 이문열 삼국지를 읽으면서도 많은 것을 깨닫지는 못했습니다. 뻔한 전쟁 이야기로만 생각했습니다. 40대가 넘어 아이를 위해 이 책을 골랐습니다. 그 김에 저희 부부 모두 읽었는데요. 세상사는 모든 이치가 들어있었습니다. 수많은 캐릭터가 각기 다른 결정을 내리고 다른 삶을 삽니다. 영웅부터 장수들 보통 군사에 이르기까지 세상을 작게 축소해서 쳐다보는 느낌입니다.

삼국지를 꼭 읽어야 할 필요는 없습니다. 하지만 긴 호흡의 책을 완독해 보는 것도 아이들에게 아주 좋은 경험이 될 수 있습니다. 이 책을 읽고 나면 못 읽을 두께의 책이 없습니다.

> **TIP**
>
> 어렸을 때는 눈에 들어오지 않았던 손권과 조자룡이 이제 눈에 들어옵니다.
>
> 가족 모두가 읽으면 자기가 좋아하는 영웅으로 이야기할 거리가 많아집니다.

엄마가 알려주는 초등 영어 레벨업

초판 1쇄 인쇄 2023년 12월 10일
초판 1쇄 발행 2023년 12월 15일

—

지은이 김은경
펴낸이 김호석
편집부 주옥경·곽유찬
디자인 redkoplus
마케팅 오중환
경영관리 박미경
영업관리 김경혜

—

펴낸곳 도서출판 린
주소 경기도 고양시 일산동구 무궁화로 32-21, 로데오메탈릭타워 405호
전화 02) 305-0210
팩스 031) 905-0221
전자우편 dga1023@hanmail.net
홈페이지 www.bookdaega.com

—

ISBN 979-11-92575-97-1 (13000)